D1727322

Wolgang Reinhart
Traubenweise

Für Gabriele, Clara, Raphael und Freunde

Wolfgang Reinhart

Traubenweise

Warum die Wahrheit im Wein liegt

Inhalt

1 Geboren zur Freude   **06**

2 Verwurzelt im Terroir   **22**

3 Entblättert fürs Geschein   **32**

4 Erwacht mit dem Jungfernwein   **44**

5 Verwöhnt in 100 Tagen   **56**

6 Gefeiert mit der Lese   **66**

7 Tobend in der Jugend   **76**

8 Reifend im Fass   **86**

9 Veredelt vom Kellermeister   **96**

10 Geschmückt vom Etikett   **106**

11 Gereist ins Glas   **116**

12 Kredenzt dem Genießer   **132**

Über den Autor   **150**

Freude, schöner Götterfunken,
Tochter aus Elysium,
Wir betreten feuertrunken,
Himmlische, dein Heiligthum.

Friedrich von Schiller,
Ode an die Freude (1759-1805)

1

Geboren zur Freude

Für einen Weinliebhaber wie mich ist der Wein ein Götterfunken, ein göttliches Geschenk an uns Menschen. Die Freude, die das Genießen eines schönen, vollmundigen Weines bereiten kann, wurzelt in einer ganz besonderen Kraft, die uns Menschen zusammen- und voranbringt: unserem Drang zur Kultur. Wir Menschen sind Kulturschaffende. Und der Wein ist ein ganz besonderes Kulturgut mit einer langen Geschichte. Er hat die Menschen auf ihren Äckern über die Jahrtausende zu Höchstleistungen angestiftet, Wein hat die Menschen zu Kunstwerken und Poesie angeregt – und im gemeinsamen Genießen sorgt Wein für eine Kultur der Zugewandtheit.

Ich lade Sie ein, in diesem Büchlein die Reise zu begleiten, die der Wein macht: Beginnend bei seinen Anfängen im Weinberg über die zweifache Reife, die er durchläuft, bis zu Ihnen ins Genießerglas. Ich will Sie in den folgenden Kapiteln auf vergnügliche Weise mit den vielen verschiedenen Facetten des Kulturgutes Wein vertraut machen und ich hoffe, dass Ihnen nach der Lektüre meines Buches jedes Glas des göttlichen Getränkes noch mehr munden wird.

Die Ursprünge des Genusses

So wie ich in meiner Kindheit und Jugend mit dem Anbau und dem Verfeinern der Reben in den Weinbergen meiner Eltern in Berührung kam, findet sich der Wein auch schon in der Kindheit und Jugend unserer menschlichen Kultur.

Die ersten Ursprünge des Weinanbaus liegen in Asien. Dort lässt sich der Anbau von Wein schon 5000 v. Chr. belegen. Die Funde alter Traubenpressen geben Zeugnis. Ein Zentrum dieser Kulturtechnik war das Zweistromland zwischen Euphrat und Tigris, in dem auch die heute noch bedeutenden Religionen des Abendlandes ihren Ursprung haben.

Auch im antiken Ägypten wurde Wein getrunken. Im 1922 entdeckten Grab des ägyptischen Pharaos Tutanchamun im Tal der Könige fanden Howard Carter und seine Mitstreiter nicht nur Gold und Geschmeide, sondern auch Amphoren mit Wein als Grabbeilage.

Die alten Griechen übernahmen die Weinkultur von den Etruskern. Als die Griechen in der Schlacht von Salamis über die Perser triumphierten, wurde das Weinwissen in die ganze damals bekannte Welt weitergetragen, verfeinert, und gelangte schließlich zu den Römern. Nicht auszudenken, wenn dieser Weinkulturtransfer durch einen Sieg der Perser abgeschnitten worden wäre …

Die Römer waren es, die den Wein zu uns nach Deutschland brachten. Konnten sie jenseits des Rheins auch nicht politisch Fuß fassen und die Germanen kolonisieren, für die Weinkultur im Rheingraben und dann auch in den Seitentälern des großen Stromes leisteten sie viel. Und als sich dann im Römischen Reich das Christentum ausbreitete, kümmerten sich vor allem die Klöster und Mönche um das göttliche Gewächs, die Rebstöcke.

Unter Ordensbrüdern

Ab der Zeit Karl des Großen bis weit ins Mittelalter hinein, waren es vor allem die Klöster, die den Weinbau förderten und voranbrachten. Sehr verdient machten sich die Benediktinermönche, die das Wissen um den Anbau der Reben und die Herstellung des Weines vertieften.

Bei den Zisterziensern, die von Frankreich aus Ordensniederlassungen in ganz Europa, so auch in Baden und in Württemberg, gründeten, erlebte der Weinbau ab dem 12. Jahrhundert einen enormen Qualitätssprung. So waren es zum Beispiel in meiner Heimat die Mönche des noch heute existierenden Zisterzienser-Klosters Bronnbach, die regen Weinbau betrieben. Sie legten in der Umgebung Steilterrassen an, was ein Vorbild für viele weitere Weinlagen wurde. Ihr Wirken trug dazu bei, dass im 17. Jahrhundert in der fränkischen Region der größte zusammenhängende Rebteppich mit rund 10.000 Hektar entstand.

Der süddeutsche und fränkische Raum war mit seinen vielen Klostergründungen also ein fruchtbarer Nährboden für die Ausbreitung des Kulturgutes Wein – und nebenbei gesagt, eine wunderbare Basis für das heutige Genießerland Baden-Württemberg. Ein Titel, den auch der exklusive Gourmetführer trug, den ich 2009 als Minister mitinitiieren und mit einem Vorwort begleiten durfte: „Gault Millau: Genießerland Baden-Württemberg. Die besten Restaurants, Weingüter, Wirtschaften und Erzeuger". Das ist noch heute eine bereichernde Lektüre über das Sterneland und Weinland Baden-Württemberg.

Sinnbild göttlicher Liebe

Die Mönche haben nachgewiesenermaßen gerne Wein getrunken. Die Zisterzienser hatten deshalb ganz offiziell beim Papst nachgefragt, ob sie während des Betens Wein trinken dürften – doch das wurde abgelehnt. Deshalb waren sie auch sehr erstaunt, als sie bei einem Besuch in einem Jesuiten-Kloster beobachteten, dass deren Mönche sehr wohl während des Betens Wein tranken. Auf Nachfrage erklärten die Jesuiten, deren Orden ja auch als Geistesorden bezeichnet wird, augenzwinkernd: Sie hätten auch beim Papst nachgefragt und zwar, ob die Menschen denn beim Trinken beten dürften. Und das wurde genehmigt.

Daran mögen Sie ablesen, wie hoch auch die geistige Kraft des Weines eingeschätzt werden kann. Diese geistige Kraft zeigt sich in vielfältigen Verknüpfungen von christlicher, religiöser Überlieferung und Weinkultur.

Da haben wir die regionalen Weinheiligen, welche die Verbindung der Menschen zu den göttlichen Reben symbolisieren. Den Heiligen St. Martin zum Beispiel. Oder den Heiligen St. Kilian, den Weinschutzpatron meiner Heimat Franken.

Im Neuen Testament spricht Jesus: *Ich bin der Weinstock, ihr seid die Reben.* Und denken Sie nur an die in der Bibel bezeugte Bedeutung, die Jesus Christus dem Wein beim Letzten Abendmahl gibt. Sie wird noch heute in jeder Eucharistiefeier in der Kirche erneuert. Oder an das herrliche Bild, als Jesus auf der Hochzeit von Kanaa Wasser in Wein verwandelt. Jesus hat den Wein zum Bild seiner Liebe zu uns Menschen gemacht.

Aber apropos Liebe …

„Berauscht euch an der Liebe!"

Im Hohen Lied heißt es: *Süßer als Wein ist deine Liebe …* Einem oft auf Hochzeiten zitierten, wundervollen Vers des Alten Testamentes. Und die Braut sagt dem Bräutigam, dass er sie in das Weinhaus geführt hat. Weiter heißt es im Hohen Lied: *Berauscht euch an der Liebe!* – und die Schönheit der Braut wird in poetischen Bildern von Wein und Weinbau beschrieben. *Dein Schoß ist ein rundes Becken … Lass deine Brüste sein wie Trauben am Weinstock …*

Die Schönheit des Lebens, die Liebe der Menschen zueinander, wird trefflich symbolisiert durch die Erfahrungen, welche die Menschen mit Wein gemacht haben. Wein ist Liebe. Liebe ist ein Rebstock, der gepflegt werden muss, der Sonne, aber auch Beschnitt braucht, damit die Verwurzelung und damit auch die Festigung und Tiefe zunimmt.

Das Hohe Lied der Liebe hatten meine Frau und ich für unsere Hochzeit im Kloster Bronnbach ausgewählt. Und die schöne Weisheit, dass Liebe das einzige ist, das nicht weniger wird, wenn wir es verschwenden, hat auch große Dichter und Denker inspiriert.

Emporgetragen durch die Traube

Viele unserer größten Dichter und Denker tranken gerne und viel Wein. Sie ließen sich von der in der Traube wohnenden Kraft der Inspiration emportragen, sie fühlten sich für ihre geistigen Großtaten gestärkt durch den Wein.

Gotthold Ephraim Lessing (1729-1789), Jurist, Theologe und erster freier deutscher Schriftsteller, Verfasser von „Nathan der Weise", schrieb über den Weingenuss: *Warum die Betrunkenen schwanken? Ganz einfach ist die Geschicht': Der Wein erzeugt große Gedanken, da bekommt der Kopf Übergewicht!*

Friedrich von Schiller (1759-1805) soll seine Hymne „An die Freude", die Ludwig van Beethoven unsterblich im Schlusssatz seiner 9. Sinfonie als „Freude schöner Götterfunken" vertont hat, nach dem Genuss von drei Litern Rotwein geschrieben haben. Von ihm stammen die Verse: *Trink ihn aus, den Trank der Labe, und vergiß den großen Schmerz! Wundervoll ist Bacchus' Gabe, Balsam fürs zerrissne Herz!*

Johann Wolfgang von Goethe (1749-1832) trank täglich einen Liter guten Weines, am liebsten aus Franken. So schreibt er an seine Frau Christiane: *Schick mir doch einen Frankenwein, kein anderer wolle mir so schmecken, und ich bin verdrießlich, wenn mir dieses Getränk abgeht.* Und nach dem Genuss einiger Gläser Wein schrieb der Dichterfürst:

Mich ergreift, ich weiß nicht wie, himmlisches Behagen. Will's mich etwa gar hinauf zu den Sternen tragen?

Vergeblich klopft, wer ohne Wein ist, an der Musen Pforte.

(Aristoteles, 384-322 v. Chr.)

Welche Trauben liebe ich besonders?

Erlauben Sie mir zum Schluss des ersten Kapitels, dass ich, nach den großen Dichtern und Denkern, noch ein persönliches Wort anschließe. „Welche Rebsorten munden Ihnen als Weinkenner denn am meisten?", diese Frage fiel oft bei meinen Tischgesprächen auf dem politischen Parkett. Auch schon damals, als ich als junger Student Weinproben abhielt, wurde ich das gefragt.

Nun, wenn ich eine Auswahl treffen müsste, die Trauben nennen, in denen ich die Kunst des Anbaus des Kulturgutes Wein am trefflichsten umgesetzt sehe, dann kommen mir mehrere großartige Gewächse in den Sinn, wie zum Beispiel …

Der **Chardonnay**, eine wunderbare Rebe, deren Heimat die französische Region Burgund ist. Diese Traube finden Sie überall in der Welt als hochgeschätzten Anbau. Zum Beispiel auch in Südafrika, ein Land, das ich mehrfach besuchen durfte, weil ich mit Fachkollegen des Fachbereichs Weinwirtschaft der Universität Stellenbosch nahe Kapstadt im regen Austausch stand. In Südafrika werden wundervolle Chardonnay-Weine angebaut. Und nach dem Sommermärchen 2006, als ich in Berlin die südafrikanische Delegation empfangen durfte, Südafrika hat ja 2010 die WM ausgerichtet, durfte ich, eingeladen in den Süden des Kontinentes, mehrfach südafrikanischen Chardonnay genießen, der mittlerweile auch in Europa und bei uns in Deutschland hochgeschätzt ist.

Ja, und dann der **Sauvignon Blanc**, ursprünglich aus dem Bourdeaux kommend, den Sie heute aber in der ganzen Welt, sogar bis Neuseeland, antreffen können.

Hervorheben möchte ich auch die **Pinot-Weine**. Neben dem Weißburgunder vor allem den Grauburgunder, bei uns in Deutschland auch als Ruländer bekannt. Diese hervorragende Rebe, in Frankreich Pinot Gris, in Italien Pinot Grigio genannt, schätze ich sehr. Ich erinnere mich an die Pinot-Weine, die ich in der Neuen Welt zum ersten Mal auf einer Reise in Chile probieren durfte. Unweit von Santiago de Chile auf einem von europäischen jungen Winzern geführten Gut, wo er mir wirklich einen überzeugenden Charakter gezeigt hat. Es ist eine große Freude für mich, zu erfahren, wie die Weinkultur weltweit gedeiht.

Und natürlich der König unserer deutschen Weißweine, der **Riesling**, der mittlerweile weltweit gerne als König bezeichnet wird. Seine Heimat liegt eigentlich im Südwesten unseres schönen Landes, ganz in der Nähe meiner Heimat, im Rheingraben. Als ich ein Junge war, da hatten meine Eltern und die Winzer im Taubertal noch Bedenken, den Riesling anzubauen, weil er lange am Rebstock reifen muss. Und deswegen haben wir uns damals für eine Neuzüchtung mit dem Riesling als Vater entschieden: den Kerner, benannt nach dem Heimatdichter Justinus Kerner, einem Arzt aus Weinsberg und Freund von Ludwig Uhland. Der Kerner als Kreuzung zwischen Trollinger und Riesling war bei den damaligen klimatischen Verhältnissen leichter anzubauen, da er verglichen mit anderen Sorten frostresistenter und mit höheren Mostgewichten sogar ertragreicher war. Die Winzer mussten den frühen Frost nicht so fürchten, wie bei einem Riesling. Heute sieht es für den Anbau des Rieslings besser aus, weil wir aufgrund des Klimawandels eine frühere Reife mit höheren Mostgewichten auch in unserer Heimat erzielen können.

Ich möchte die Weißweine nicht verlassen, ohne Sie nicht noch auf die Standardrebsorten Silvaner und Müller-Thurgau aufmerksam gemacht zu haben: Diese sind durchaus etabliert und neben zahlreichen Neuzüchtungen weiterhin zu empfehlen.

Jetzt möchte ich Ihnen noch kurz einige Rotweine vorstellen:

In Baden-Württemberg, meiner Weinheimat, haben wir ganz hervorragende Rotweine. Selbst im nördlicheren Deutschland gedeihen heutzutage ganz exzellente Rotweine, wie einige großartige Weinmacher von dort beweisen, die bereits den deutschen Rotweinpreis erhalten haben.

Der deutsche Rotwein mit einem begeisternden Ruf weltweit ist der **Spätburgunder**, auch Pinot Noir genannt. Der König der Rotweine, wie ich ihn gerne nenne.

Neben dem Pinot Noir nenne ich den **Cabernet Sauvignon**, eine harte Konkurrenz bei dem Begriff der Rotweinkönige. Der Cabernet Sauvignon ist auch für Verschnitte gut geeignet. Er ist im Bordeaux zu Hause, wird aber auch in Italien und in Kalifornien angebaut. Dort in den Staaten, im Napa Valley, durfte ich einen ganz herrlichen Cabernet Sauvignon kennenlernen.

Dann natürlich der **Merlot,** eine weltweit angebaute Rebe, die sich auch für Verschnitte hervorragend eignet.

Dann mit dem **Shiraz** eine der verbreitetsten Rebsorten, von der ich Ihnen ganz besonders die sonnenverwöhnten Erzeugnisse aus Australien vorstellen möchte. Auch wenn der Shiraz seinen Heimatboden in der Region der nördlichen Rhône hat: Unter der Sonne des Fünften Kontinentes erblüht er ganz herrlich.

Einen besonderen Ruf haben auch die italienischen Rebsorten. Zum Beispiel aus der Nebbiolo-Traube gelingen wunderbare Weine, mit denen Weinlieber die Orte Barolo und Barbaresco verbinden. Von mir wirklich sehr geliebt, ist der Brunello di Montalcino, reinsortig ein Brunello-Klon der Sangiovese-Traube.

In Spanien basieren die feinsten Rotweine in der Regel auf mittelschwerem Tempranillo. Die Heimat dieser herrlichen

Rebe, im Rioja-Gebiet und auch auf der kastilischen Hoch-
ebene im Gebiet der Ribera del Duero, ist für Liebhaber
dichterer, dunklerer Rotweine die erste Adresse.

Aber apropos Heimatboden … Folgen Sie mir nun ins
nächste Kapital, das die Verbundenheit des Weines mit dem
Boden zum Inhalt hat …

Der Wein gehört zu den kostbarsten Gaben der Erde. So verlangt er Liebe und Respekt, wir haben ihm Achtung zu erweisen.

(Hammurabi, 1728-1686 v. Chr., babylonischer König)

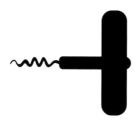

Nichts macht mit der Land-
schaft vertrauter, als der Genuß
der Weine, die auf ihrer Erde
gewachsen und von ihrer Sonne
durchleuchtet sind.

Ernst Jünger, Schriftsteller und Philosoph,
(1895-1998)

2

Verwurzelt im Terroir

Wein wird geprägt von seiner Heimat wie kaum ein anderes Getränk. Der Weinkenner spricht hier vom „Terroir des Weins". Das Terroir beschreibt, wie sich Boden, Klima und Lage eines Weinbergs beim Geschmack auf Ihrer Zunge bemerkbar machen.

Welchen großen Unterschied das Terroir macht, können Sie selbst testen. Nehmen Sie zum Beispiel die Weine aus der fränkischen Trias: In der Wertheimer Gegend herrschen Buntsandsteinböden vor. Um Tauberbischofsheim, wo ich wohne, oder in Königheim, wo meine Weinberge sind, bis in die Lagen rund um Würzburg finden Sie Muschelkalkböden. Und Richtung Iphofen-Castell sind es dann Keuperböden, also Kreideböden. Drei verschiedene Terroirs, drei unterschiedliche Charaktere. Dreimal einen Müller Thurgau aus dem Fränkischen getrunken: Schmeckt dreimal anders.

Das ist das Schöne am Wein: Er ist so einzigartig wie das Land, auf dem er wächst. Dabei wächst er ja bei weitem nicht überall auf dieser Welt.

Im Gürtel der Rebe

Die Erde weist nur zwei „Rebgürtel" auf: einen auf der nördlichen Welthalbkugel und einen auf der südlichen. Beide erstrecken sich zwischen dem 30. und dem 50. Breitengrad. Darüber oder darunter finden Sie keine Weinanbaugebiete: Dort ist es entweder zu kalt, zu warm oder zu trocken.

Wissen Sie den Breitengrad, wo Ihr Wein herkommt, dann wissen Sie auch schon einiges über den Wein in Ihrem Glas: Umso südlicher seine Herkunft, umso weniger Säure wird er aufweisen, denn umso mehr Sonne hat er abbekommen. Und umso nördlicher, also Richtung des 50. Breitengrades, umso mehr Säure werden Sie schmecken. Dieser Wein hat dann mehr kalte Nächte und weniger Sonne erlebt.

Aus diesem Grund wird auch in den nördlichen Anbaugebieten, so wie in Deutschland, mehr Weißwein angebaut, mehr Rotwein dagegen in den südlicheren wie Italien, Frankreich, Spanien. Warme, sonnige Klimabedingungen bringen Ihnen nun mal einen eher höheren Alkoholgehalt, weil das Mostgewicht höher ist, während Ihnen kühlere Temperaturen mehr Säure, damit mehr Frische, mehr Fruchtigkeit und weniger Alkohol bescheren.

Innerhalb der Rebgürtel ist die Verteilung, wenn Sie Ihren Blick über ganze Welt schweifen lassen, aber nicht ganz gleichmäßig.

Weinwelten

Die Verteilung zum Beispiel zwischen „Neuer Welt", also allen Anbaugebieten außerhalb des europäischen Raums, und „Alter Welt" beträgt ungefähr ein Drittel zu zwei Drittel. In der Regel waren es junge europäische Winzer, die die Weinkultur in Länder wie Chile, Südafrika oder nach Kalifornien gebracht haben – gerade in der Zeit, als in Europa der Weinbau ab dem 19. Jahrhundert darniederlag.

Der Grund für diesen Einbruch war, dass die Reblaus und Blattfallkrankheiten in den europäischen Weinbergen wüteten. Die Winzer konnten dieser einfach nicht Herr werden. Es sollte bis nach dem Zweiten Weltkrieg dauern, bis der Weinbau auch in Europa wieder Aufschwung nahm.

Und was für einen.

Ein Weinberg entsteht

Ich selbst erinnere mich sehr gut daran, welche Aufbruchstimmung herrschte, als ich als Vierzehnjähriger meinen Eltern half, unsere Weinberge anzulegen. Es hatte eine große Rebflurbereinigung gegeben und nun wurden viele Flächen wieder in Weinberge verwandelt.

Es war eine harte Arbeit, die mir einiges abverlangte, aber es war eine schöne Arbeit. Wir hatte die kleinen Reben aus Rebschulen geholt, übrigens sogenannte Pfropfreben. Das ist nämlich der Weg, wie es den europäischen Winzern gelungen ist, widerstandsfähige Rebstöcke zu bekommen: Sie nahmen eine amerikanische Wurzelrebe, die den Schädlingen und den Krankheiten trotzen kann, und pfropften die europäische Rebe auf. Die beiden verwachsen so stark, dass die Verbindungsstelle, der Callus, nie mehr bricht.

Wir haben in dem neuen Weinberg für jede Rebe ein Loch gebohrt und sie eingesetzt. Das Loch muss schon so 40 Zentimeter tief sein, damit sich der Stock auch gut verwurzeln kann in seinem neuen Heimatboden. Sie können sich ausrechnen, dass das ziemlich viele Löcher waren: Selbst wenn Sie, wie wir damals, eher mehr Abstand und mehr Zeilenbreite zwischen den einzelnen Pflanzen lassen, setzen Sie pro Hektar schon über 4.000 Reben.

Und das in möglichst regelmäßigen Zeilen. Über diese parallele Zeilenanlage konnte ich kleiner Gymnasiast mir damals auch eine gewisse Hochachtung unter den Weinbauern verschaffen.

Pythagoras im Weinberg

Die Weinbauern standen nämlich vor dem Problem, wie sie diese Regelmäßigkeit der Zeilen im Gelände bewerkstelligen sollten. Und sie staunten nicht schlecht, als ich ihnen mit dem Satz des Pythagoras kam: a^2 plus b^2 gleich c^2. Damit können Sie nämlich einen rechten Winkel auf einer freien Fläche anlegen: Sie brauchen nur Stangen von 3, 4 und 5 Meter Länge und schon können Sie irgendwo draußen regelmäßige, rechteckige Linien erarbeiten und abstecken.

Die Zeilen legen Sie immer parallel und vertikal zum Hang an, am besten mit Neigung nach Süden oder Südwesten, weil da die Sonneneinstrahlung besser ist und Sie die Wärme besser nutzen können. Das ist besonders in den sonnenärmeren Gegenden wie Deutschland wichtig. Wo doch unsere deutschen Anbaugebiete sowieso nur ein Prozent der Rebflächen der Welt ausmachen.

Wein-Europa groß und klein

So großartig die deutschen Weine meiner Meinung nach auch sind, auch europaweit gehört Deutschland mit 103.000 Hektar Rebfläche eher zu den kleineren Weinbauländern. Portugal und Rumänien spielen etwa in der gleichen Liga.

Die Platzhirsche sind Italien, Frankreich und Spanien. Spanien hat mit circa 900.000 Hektar die größte Fläche aufzuweisen, obwohl Frankreich mit knapp 790.000 Hektar und Italien mit gut 700.000 Hektar mengenmäßig mit Spanien mithalten können. Das liegt an der unterschiedlichen Art des Anbaus. Rioja-Reben zum Beispiel werden als Einzelsträucher gepflanzt, die einzelne Pflanze beansprucht also mehr Platz.

Daneben gibt es noch kleine, aber oft auch feine Anbaugebiete, wie in Österreich, der Schweiz, Ungarn oder auch in den Balkanländern. Aus meiner Studentenzeit in Heidelberg ist mir da vor allem der Amselfelder in Erinnerung geblieben: Der galt damals als der Rotwein, den sogar wir Studenten uns leisten konnten – und wir waren durchaus fleißig darin, das Terroir des Amselfelders, seine Heimat, mit der Zunge zu erkunden.

Ganz mein Fall

Unbestritten ist Wein ein Getränk der Heimatverbundenheit. Der Dichter Johann Diedrich Gries hat das in seinem Rheinfall-Gedicht mit Schmunzeln zum Ausdruck gebracht.

Rheinfall

Wenn auch kein Rheinwein,
wenn nur der Wein rein.

Wenn auch kein Steinwein,
wenn nur kein Weinstein.

Wenn auch kein Mainwein,
wenn nur der Wein mein.

So saß ich am Rheinfall
und hatte den Einfall

ach wäre der Rheinfall
doch nur ein Weinfall.

Das wäre mein Fall.

Noah aber wurde nun ein Landmann und legte einen Weinberg an.

Genesis 9:20-25

3

Entblät-
tert fürs
Geschein

Wenn stimmt, was Sie in der Bibel lesen können, dann stammen all unsere Rebstöcke letztendlich von diesem Weinberg ab, den Noah nach der Sintflut anlegte. Und Sie dürfen sich die Arbeit nicht zu einfach vorstellen, die Noah sich beim Anlegen seines Weinbergs machte und die sich noch heute all seine Nachfolger machen. Es ist nämlich nicht mit der – oft so romantisch und fröhlich dargestellten – Weinlese im Herbst getan. Das weiß ich aus Erfahrung. Denn auch ich habe einmal zusammen mit meinen Eltern und anderen Familienangehörigen einen Weinberg angelegt und viele Jahre zwischen den Rebstöcken gearbeitet.

Ein Weinbauer ist das ganze Jahr über in seinem Weinberg. Seine Arbeit beginnt in der Eiseskälte des Spätwinters, wird richtig intensiv ab dem Wonnemonat Mai, wenn an den

Rebstöcken ihr Geschein, die Blütenknospen, austreiben, und ist mit der Lese im Herbst noch nicht vorbei. *17 Mal, so sage ich immer, muss der Winzer um den Rebstock gehen.*

Wenn die Reben noch schlafen

Die Arbeit anderer Landwirte ruht im Winter weitestgehend, wenn auch die Natur ruht. Der Winzer aber muss im Januar und Februar, wenn die kalte Jahreszeit sich oft von ihrer härtesten Seite zeigt, zum ersten Mal hinaus in den Weinberg. Dann befinden sich die Rebstöcke noch im Winterschlaf. Und das ist die Zeit, in der sie zurückgeschnitten werden. Auf diese Weise verjüngt und erhält der Winzer den Rebstock. Das ist ganz ähnlich wie bei Rosen, die auch erst durch das Beschneiden ihre ganze Pracht entwickeln, an der Sie sich erfreuen können.

Der Rebschnitt ist eine Arbeit, die sehr viel Wissen und Fingerspitzengefühl verlangt. Denn bis auf zwei Jungruten wird der Rebstock zurückgeschnitten. Da muss der Winzer natürlich genau wissen, wo er die Schere ansetzt und wo nicht. Auch bei mir hat es lang gedauert, bis ich diese Kunst wirklich beherrschte. Anschließend werden die Jungruten an Drahtrahmen befestigt, um ihren Wuchs zu lenken. Danach das Altholz aus dem oft ja sehr steilen Berg zu schaffen, das ist dann auch noch einmal richtig harte Arbeit. Ich selbst habe das schon als 15jähriger gemacht – während meine Kameraden nach der Schule ihre Freiheit genossen. Das hat mir nicht immer nur Freude gemacht.

Wenn der Rebstock erwacht

Im Frühling beginnen die Rebstöcke Blätter auszutreiben. Das ist eine Zeit, in der die Winzer zum ersten Mal bang nach dem Wetter schauen. Kommen die Blätter zu früh ans Licht, drohen sie bei Frosteinbrüchen, insbesondere um die gefürchteten Eisheiligen herum, geschädigt zu werden. Die Winzer hoffen also, dass die Blätter lang genug „in der Wolle" bleiben, wie wir Weinbauern sagen.

Überhaupt spielt das Wetter eine ungeheuer große Rolle für die spätere Qualität des Weins. Zuviel Regen ist ebenso ungünstig wie zu große Trockenheit. Sonne im Frühling bringt gar nichts, wenn im Sommer und Herbst die wärmenden Strahlen fehlen, um die Trauben zur Reife zu bringen.

Im Frühjahr fallen auch die sehr intensiven Bodenarbeiten an: Der Boden muss aufgelockert und Unkraut gejätet werden. Heute wird oft zur Bodenschonung mit einer Begrünung des Bodens gearbeitet.

Es müssen überflüssige Triebe ausgebrochen, andere einge-
kürzt werden. Im Mai dann treiben die Blütenknospen aus,
das Geschein. Das hat seinen Namen übrigens daher, dass
die Knospen kleinen Trauben ähneln, also Trauben zu sein
„scheinen".

Wenn der Wein blüht

Mitte Juni beginnt das Weinlaub noch intensiver zu wachsen. Da ist es dann wieder Zeit, Zweige herauszubrechen und
Triebspitzen abzuschneiden. Außerdem beginnt spätestens
jetzt die Zeit der Schädlingsbekämpfung. Der Weinbau hat
in seiner Geschichte immer wieder unter verheerenden
Krankheiten gelitten, die mitunter in ganzen Weinregio-
nen die Rebstöcke zerstörten. Der Schutz der Weinberge vor
schädlichen Einflüssen ist eine wichtige Aufgabe, die viel
Können und Einsatz auf Seiten der Weinbauern verlangt.
Der biologische Weinanbau gibt hier inzwischen immer
wieder neue Impulse für nachhaltiges Wirtschaften.

Ebenfalls im Juni öffnen sich die Gescheine und die Reben
beginnen zu blühen. Das, so hofft der Winzer, geschieht
möglichst schnell bei gutem Wetter. Und ab diesem Zeitpunkt zählen die Winzer hundert Tage bis zur Lese.

Wenn die Traube kocht und brät

Fragen Sie einen Weinbauern, was er sich für den Hochsommer und den beginnenden Herbst wünscht, dann sagt er oft dieses: *Was der August nicht kocht, kann der September nicht braten.* Das bedeutet: Im August sollen die Trauben möglichst viel heiße Sonnentage erleben und im September nochmal von der Sonne verwöhnt werden. Deshalb werden jetzt die Rebstöcke von den dichten Trieben teilweise entblättert, damit möglichst viel Sonne an die Trauben kommt.

Gerade unter dem Begriff „Cool Climate" sind sonnige Tage und kühle Nächte im September ein Gewinn, wie zum Beispiel der Jahrgang 2021 beweist: Die unter diesen Bedingungen verlängerte Reife lässt weinfruchtige, säurebetonte, hochwertige Weine entstehen und die Trauben können im September noch bis zu zwei Grad Oechsle pro Tag zulegen.

Das Entblättern dürfen die Winzer aber auch nicht übertreiben, denn die Traube braucht noch genügend Blätter, um „zu atmen." Sie setzen die Rebschere deshalb vorsichtig und intelligent ein – so wie es Politikern beim Umgang mit Bürokratie oft auch gut zu Gesicht stünde.

Mir als Bundesgeschäftsführer eines großen Mittelstandsverbandes in Berlin wurde oft das Gestrüpp der zunehmenden Bürokratiewucherung als Hemmschuh innovativer

Entwicklung des „German Mittelstandes" dargestellt. Über Bürokratie wird also viel und zu Recht geklagt – ein Reformthema, das wichtig ist.

Schon 2004 haben wir in Baden-Württemberg einen Bürokratieabbau-Beauftragten installiert, um das bürokratische Gestrüpp zu lichten. Dies übernahm die damalige Kanzlerin Angela Merkel auch für den Bund, ein Normenkontrollrat wurde ins Leben gerufen. Doch das Gestrüpp der Bürokratie wuchert nach wie vor weiter. Und deshalb gilt immer noch, was ich als Autor in meinem Buch von 2005 „Deutschland, beweg dich!" geschrieben habe: *Wir müssen beim Bürokratieabbau wieder viel mehr mit der Rebschere rangehen und nicht mit der Heckenschere. Denn mit der Heckenschere wird die Heckenwand nur außen abgekürzt, aber innen wird das Geflecht immer dichter. Dagegen mit der Rebschere geht der Winzer an die Reben heran und schneidet aus 60, 70 Trieben alle miteinander weg und lichtet und lüftet so das Dickicht, so dass nur noch zwei Fruchtruten zurückbleiben, die so Licht, Luft und Sonne an den Rebstock lassen und neues Wachstum ermöglichen.*

Deshalb: Bürokratieabbau geht nur mit der Rebschere und nicht mit der Heckenschere!

Zur Erntezeit hin herrscht dann hoffentlich auch wieder trockenes Wetter. Sonst droht Pilzbefall, der den Trauben das Wasser entzieht. Andererseits: Ist die Traube schon voll-reif, sieht der Winzer den Pilz wiederum ganz gern: Dann sorgt dieser für die durchaus begehrte Edelfäule und höheren Zuckergehalt.

Wenn die Ernte „zu gut" ist

Sie erleben dies immer wieder: Quantität geht oft zu Lasten der Qualität. Und die Entscheidung, wohin die Reise gehen soll, eher in Richtung Quantität oder eher gen Qualität, die trifft der Winzer schon beim Rebschnitt. Je mehr Ruten die Winzer am Rebstock lassen, also nicht wegschneiden, umso größer ist der Ertrag. Umso weniger Extraktstoffe gelangen dann aber auch in die einzelne Traube. All das, was der Reb-stock aus dem Boden zieht und was letztlich den besonde-ren Charakter eines jeden Weins ausmacht, wird auf diese Weise bei hohen Erträgen „verdünnt".

Deshalb sind den Winzern Höchstertragsregelungen pro Hektar in den verschiedenen Weinbauregionen Deutsch-lands vorgeben. Das sind 9.000 Liter in Baden, 11.000 Liter in Württemberg oder ebenfalls 11.000 Liter in der Pfalz, um Ihnen ein paar Zahlen zu nennen. Tatsächlich aber halten sich viele junge Weinmacher und Weingüter, die auf Quali-tät abstellen, nicht daran. Sie produzieren lieber noch weniger. Begnügen sich mit 5.000 bis 6.000 Litern und bringen so mehr Mostgewicht, mehr Extraktstoffe und mehr Aroma in Ihr Glas.

Denn beim Wein geht es ja in erster Linie um den Genuss. Er soll Ihnen ja schmecken. Und dazu braucht es nicht Menge, sondern Gehalt und Qualität.

Wo Reben sich ranken mit innigem Trieb so meine Gedanken habt alles hier lieb.

(Clemens Brentano, 1778-1842)

Eine Rebe verlangt soviel Zuwendung wie ein Neugeborenes.

Georgisches Sprichwort

4

Erwacht mit dem Jungfern- wein

Sie sehen: Mit dem „erwachsenen" Rebstock hat der Winzer das ganze Jahr über Arbeit. Aber auch die frisch gepflanzte Rebe braucht seine pflegende Hand, um zu gedeihen. Hat der Weinbauer das dünne Zweiglein erst einmal im Weinberg eingesetzt und das Loch mit etwas feiner Erde gefüllt, legt er ein schützendes Netz darum: Die Rebe darf nicht angefressen werden. Sie braucht jetzt all ihre Kraft, um sich im Boden zu verwurzeln.

Deshalb entwickelt die Pflanze sich oberhalb der Erde in den ersten beiden Jahren nur wenig und bringt nur vereinzelt Trauben. Stattdessen treibt sie ihre Wurzeln tief in den Weinberg. Dank der tiefen Wurzeln ist die Rebe später in der Lage, winterlichen Frost zu überleben.

Das ändert sich erst im dritten Jahr: Hat der Winzer vorher die Rebe nur ganz minimal zurückgeschnitten, reduziert er jetzt im Spätwinter die Ruten auf eine oder allenfalls zwei und bindet sie an. Dann ist die Rebe soweit, und der Winzer kann schon in diesem Sommer mit der ersten schönen Traubenernte rechnen. Das ist für den Weinbauer ein besonderes Jahr, denn aus diesen Trauben kann er den ersten Wein von diesen Reben keltern: den „Jungfernwein".

Diesen Jungfernwein gibt es in den deutschen Weinbergen in den letzten Jahren immer seltener. Und das hat auch einen Grund.

Älter, weniger, aber besser

Wenn Sie zum Beispiel das Durchschnittsalter der württembergischen Weinberge vergleichen: 2005 lag das noch bei 14 Jahren, 2018 betrug es schon 22 Jahre. Dann können Sie daran ablesen, dass sich auch im Weinbau ein Strukturwandel bemerkbar macht: Viele Nebenerwerbswinzer haben altersbedingt aufgehört, die Jungen wollen den Weinberg nicht weiter bewirtschaften und schon gar nicht neu anlegen. Vorhandene Weinberge werden länger genutzt. Gleichzeitig nimmt die Zahl der Betriebe deutschlandweit kontinuierlich ab. Gab es in Württemberg vor 20 Jahren noch über 17.000 Weinbaubetriebe mit insgesamt über 11.000 Hektar waren es laut Jahresbericht der Landesregierung 2018 nur noch 8.000 Betriebe, allerdings mit immer noch über 11.000 Hektar Fläche. Die einzelnen Betriebe werden also größer, viele kleine Winzergenossenschaften haben sich mittlerweile zu größeren zusammengeschlossen.

Für uns Weingenießer hat es aber auch eine gute Seite, dass die einzelnen Weinberge im Schnitt länger genutzt werden: Ältere Rebstöcke bringen zwar einen geringeren Ertrag, doch die Qualität der Trauben ist höher. Das freut vor allem die junge Generation der Winzer: Die achten deutlich mehr auf die Qualität als auf die Masse. Besuchen Sie mal ein Weingut, in dem einer dieser jungen Kellermeister am Werk ist, und lassen Sie sich von ihm sein Werk erklären: Sie werden die Begeisterung spüren, mit der diese neue Riege sich dem Weinmachen widmet. Mir geht jedenfalls angesichts dieser Hingabe jedes Mal das Herz auf.

Aber nicht nur die junge Generation lässt sich von exzellentem Wein begeistern, auch die heutige Best *Ager*-Generation genießt gerne nach dem Motto von Wilhelm Busch: *Rotwein ist für alte Knaben eine von den besten Gaben.*

Die älteste Medizin

Ich weiß nicht, ob Wilhelm Busch bei diesem Zweizeiler nur den Genießer-Aspekt im Kopf hatte, oder ob er auch an die

Gesundheit der „alten Knaben" gedacht hat. Tatsächlich aber hat Wein – in Maßen genossen – einen gesundheitsfördernden Effekt.

Dieser ist seit alters her bekannt: Schon im Talmud, dem biblischen Hauptwerk des Judentums, wird Wein als die älteste Medizin der Menschheit bezeichnet. Und der griechische Philosoph Plutarch schrieb im 1. Jahrhundert nach Christus: *Wein ist unter den Getränken das nützlichste, unter den Arzneien die schmackhafteste, unter den Nahrungsmitteln das angenehmste.*

Auch im Mittelalter galt Wein als gut für die Gesundheit. Die heilkundige Hildegard von Bingen zum Beispiel notierte: *Der Wein – maßvoll genossen – heilt und erfreut den Menschen zutiefst durch seine große Kraft und Wärme.*

Und noch im 19. Jahrhundert sagte der Mikrobiologe Louis Pasteur, der Erfinder des „Pasteurisierens": *Der Wein kann mit Recht als das gesündeste und hygienischste Getränk bezeichnet werden.*

Oder wie der frühere Arbeits- und Gesundheitsminister Norbert Blüm während einer Weinprobe mir gegenüber einmal zitierte: *Welch wunderbare Medizin ist in so einem Weinglas drin, wie köstlich wär' erst dieses Nass ging's auf Rezept der Krankenkass'!*

Dieses alte Wissen um die medizinische Kraft des Weines ist inzwischen auch durch wissenschaftliche Studien eindeutig belegt.

Leben Abstinenzler gesünder?

Eine der größten dieser Untersuchungen lief über mehrere Jahrzehnte und umfasste etliche Tausend Teilnehmer. Die Forscher teilten dafür die Probanden in vier Gruppen ein: in diejenigen, die regelmäßig Alkohol in Form von Spirituosen tranken, in die, die Bier bevorzugten, und in die, die Wein tranken. In allen drei Gruppen war die konsumierte Menge auf den reinen Alkoholgehalt gerechnet übrigens ziemlich gleichmäßig. Die vierte Gruppe stellten die Abstinenzler, die also gänzlich auf Alkohol verzichteten.

Die Wissenschaftler beobachteten die Teilnehmer über viele Jahre hinweg und verglichen die durchschnittliche Lebenserwartung in den vier Gruppen. Die Unterschiede waren signifikant: Die Spirituosen-Trinker hatten eindeutig die geringste Lebenserwartung. Überraschenderweise aber hatten die Abstinenzler nicht die höchste. Sie lagen gleichauf mit den Biertrinkern. An der höchsten Lebenserwartung konnten sich die Weintrinker erfreuen.

Dazu passt auch, dass im Vergleich der europäischen Länder die beiden Länder, in denen der meiste Wein angebaut wird, auch die sind, in denen die Herzinfarktrate am geringsten ist: die Mittelmeerländer Italien und Frankreich.

Ich will gar nicht behaupten, dass das nur am Wein allein liegt: Zwar stecken im Wein und gerade im Rotwein viele Mineralstoffe, Vitamine und Pflanzenstoffe wie Polyphenole. Aber sicher spielt auch zum Beispiel die mediterrane Ernährung eine Rolle.

Was meiner Ansicht nach von noch größerer Bedeutung für ein langes und erfülltes Leben ist: Wein wird gerne in geselliger Runde getrunken und regt die Kommunikation an – das tut Geist und Körper gut. Und so bewirkt der Weingenuss, dass die Menschen, die ja auch immer älter werden, genussvoller älter werden: Das gemeinsame Genießen wirkt der Einsamkeit entgegen. Dort, wo die Menschen bei Wein zusammensitzen, halten sie sich geistig beweglich, dort bleibt die Neugier lebendig, und das Leben lebenswert. Was auch neueste Studien über Menschen, die über 100 Jahre alt sind, bestätigen.

Hinweg ihr Pillen und Tabletten,
und Schluß mit allen Pferdekuren,
zum Teufel ihr gewärmte Betten,
Arzneien, Spritzen, Rezepturen.
Reicht ihr Herren Doktoren,
mir täglich Wein aus deutschen Reben,
dann fühl' ich mich wie neugeboren
und werde hundert Jahre leben.

(unbekannter Dichter)

Diese gesunde, wohltuende Wirkung hat der Wein allerdings nur unter einer Bedingung …

Hochgenuss im rechten Maß – und ohne Reue

Wein ist ein Genussmittel, das in Maßen genossen werden will. Ich werde oft gefragt, wie viel Wein denn noch gesund ist. Auch dazu gibt es wissenschaftlich belegte Erkenntnisse: Für Männer gelten bis zu 0,3 Liter Wein am Tag als empfehlenswert, für Frauen bis zu 0,2 Liter. Ein knappes beziehungsweise ein gutes Viertele täglich dürfen Sie sich also bedenkenlos gönnen. Am besten natürlich von einem Wein von guter Qualität, denn wie schreibt der deutsche Barock-Dichter Friedrich von Logau (1605-1655) so schön: *Guter Wein verdirbt den Beutel, schlechter schadet sehr dem Magen. Besser aber ist's, den Beutel statt den armen Magen plagen.*

Zum Weingenuss ohne Reue gehört auch der Blick auf die Fahrtüchtigkeit. Da möchte ich Ihnen – sowohl als Liebhaber feiner Tropfen und auch als Rechtsanwalt – noch ein paar Worte zum Blutalkoholgehalt mitgeben. Sie können anhand der folgenden praktischen Formel selbst abschätzen, ob Sie noch als fahrtüchtig gelten oder doch schon zu viel Alkohol im Blut haben. Diese so genannte Widmark-Formel wird auch von Sachverständigen im Gerichtssaal verwendet:

$$\frac{\text{Genossene Menge Alkohol in g}}{\text{Körpergewicht x 0,7}} = \text{Blutalkoholgehalt}$$

Ein Viertel Wein enthält im Schnitt etwa 22 Gramm Alkohol. Sind Sie ein Mann mit einem Körpergewicht von 75 Kilogramm, dann haben Sie direkt nach dem Genuss gut 0,3 Promille im Blut. Sind Sie eine Frau von 65 Kilogramm, liegt der Wert schon bei etwa 0,45 Promille. Pro Stunde baut Ihre Körper dann ca. 0,15 Promille ab.

Mit dieser Formel ist es also leicht, das rechte Maß des Genusses und gleichzeitig Ihre Fahrsicherheit im Blick zu behalten – auch wenn der Wein noch so gut schmeckt.

Auf der Berge freien Höhen,
In der Mittagssonne Schein,
An des warmen Strahles Kräften
Zeugt Natur den goldnen Wein.

Friedrich von Schiller,
Punschlied, Im Norden zu singen (1759-1805)

5

Verwöhnt in 100 Tagen

„Wie viele Oechsle schaffen unsere Trauben wohl in diesem Jahr?" – überall, wo zur Zeit der Traubenernte die Winzer und die Genießer beisammensitzen, können Sie von diesen „Oechsle" hören. Da wird gefachsimpelt und anhand der über den Sommer vergangenen Sonnentage geschätzt, wie hoch die Oechsle-Zahl des Weines wohl sein wird.

Und ich erinnere mich noch gut an die Gespräche von damals, als ich ein junger Bub war. Wie da der Blick freudestrahlend hoch zum Himmel ging, weil Petrus es schon seit 100 Tagen gut mit uns meinte und wir uns an einem Himmel erfreuen konnten, der wolkenlos mit seiner satten blauen Farbe von Reifewetter zeugte. Wie aber auch in manchem Jahr meine Eltern und befreundete Winzer bang den Himmel betrachteten, weil sie sich vor frühem Frost fürchteten.

Was hat es aber nun mit diesem Oechsle auf sich? Was hat ein kleines Rindvieh mit Wein zu tun?

Ein Goldschmied aus Pforzheim

Es war einmal ein Goldschmied aus Pforzheim mit dem Namen Ferdinand Oechsle.

Ferdinand war ein passionierter Erfinder und mochte sicherlich auch seinen Schoppen Wein. Als er sich darüber ärgerte, dass er die Qualität eines Weines nur erahnen – und eben nicht messen – konnte, erfand er zusammen mit seinem Sohn eine Methode, diese Qualität zu bestimmen: Im Jahr 1836 publizierte er seine Erfindung der Most- und Weinwaage, die exakt das Mostgewicht maß.

Seine Erfindung fußte auf der Beobachtung, dass zwischen der Höhe des Fruchtzuckergehalts im Traubenmost und der Qualität des Weines ein Zusammenhang besteht. Und ihre Funktionsweise beruht darauf, dass das spezifische Gewicht von Zucker höher ist als das von Wasser.

Gemessen wurde damals mit einer Oechsle-Spindelwaage. Heute messen Winzer die Grad Oechsle mit einem modernen Refraktometer oder einem digitalen Gerät, das auch gleich einen automatischen Temperaturausgleich vornimmt: Denn das Weinrecht schreibt vor, dass die korrekte Berechnung der Oechsle-Zahl bei 20° Celsius zu erfolgen hat.

Das Ergebnis dieser Waage wird nach ihrem Erfinder „Grad Oechsle" genannt (abgekürzt °Oechsle): Je höher die Gradzahl, um so höher der Zuckergehalt des Weines – umso höher dann die Qualität eines Gewächses. Weil es der Zucker ist, der während der Gärung in Alkohol umgewandelt wird. Ist zu wenig Zucker enthalten, haben die Hefebakte rien nichts, was sie verstoffwechseln können, also bleibt der Alkoholgehalt zu gering. Und die Qualität des Weines leidet.

Davon also, wie hoch die Oechsle-Zahl ist, hängt Wohl und Wehe des Winzers ab. Sie zeigt an, ob sich seine anstrengende Arbeit das ganze Jahr über gelohnt hat. Je mehr Sonne zur richtigen Zeit des Reifeprozesses, um so höher die entscheidende Zahl. So hat das Klima einen entscheidenden Einfluss darauf, welche Qualität Sie dann aus Ihrem Weinglas genießen können.

Das ist auch der Grund, warum Sie als Weinkenner den Klimawandel buchstäblich schmecken können …

Geschmack im (Klima-)Wandel

In Kapitel 2 meines Büchleins habe ich Ihnen ja schon von den beiden Weltrebengürteln erzählt. Sie enden auf der Nordhalbkugel bislang in Höhe des 50. Breitengrades, nördlicher fehlt einfach die Sonne, das Licht, die Wärme, um Reben wirklich gedeihen zu lassen.

Je nördlicher ein Weinanbaugebiet liegt, umso länger brauchen die Trauben, um zu reifen. Das führt zu mehr Säure und zu weniger Zuckergehalt, also niedrigeren Oechsle-Graden, weil die Sonne fehlt.

Deswegen wiesen die Weine, die in meiner Jugend bei uns kultiviert wurden, relativ viel Säure auf. Und deswegen hatten wir in den Siebzigern auch oft Angst, dass der Sommer schlecht und unsere Reben Mitte Oktober immer noch nicht das Mindest-Most-Gewicht für eine Qualitätsware hatten.

Das hat sich durch den weltweiten globalen Temperaturanstieg geändert.

Zwei Wochen früher

Heute wachsen in diesen Weinbergen immer noch die gleichen Reben, es ist das gleiche Anbaugebiet – aber die Sonne scheint öfter, und damit haben die Trauben weniger Säure und einen höheren Zuckeranteil. Mindestens 63 Grad Oechsle brauchen Sie, damit Sie Weine als Qualitätswein ausbauen dürfen, bei weniger dürfen Sie ihn nur als Tafelwein ausweisen. Während in den siebziger Jahren diese Gradzahl ein Grund für deutsche Winzer war, um besorgt in den Himmel zu blicken, ist das heute nicht mehr so.

Heute haben wir in Baden-Württemberg das Klima, das in den 1970er Jahren in Südtirol vorherrschte. Dank Klimawandel haben wir mehr Sonnentage, können oft zwei Wochen früher ernten und dennoch höhere Mostgewichte erzielen.

Durch den Klimawandel und die damit verbundene Erderwärmung verschiebt sich somit der Rebengürtel weiter nach Norden.

Weißwein im hohen Norden?

Der Weltrebengürtel, oder wie ich ihn auch gerne nenne, der Weinäquator, verschiebt sich also gen Norden. Heute endet er noch auf Höhe des 50. Breitengrades, dieser liegt in Mainz. Mancher prognostiziert aber schon, dass der Weinäquator sich deutlich verschieben wird, so dass es möglich wird, Wein auch noch nördlicher anzubauen.

Vor 50 Jahren habe ich meinen Eltern geholfen, bei uns die ersten Weinreben anzupflanzen und den Weinberg aufzubauen. Das war damals der Kerner, eine Kreuzung zwischen Riesling und Trollinger, der schneller reifte, als der König der deutschen Weißweine, der Riesling.

Schon heute können wir sehr feinen Riesling anbauen, weil unsere Weine in dem derzeitigen Klima so viel früher reifen als in den Siebzigern.

Aber wie wird der Weinanbau in noch einmal 50 Jahren aussehen? Woher werden die Weine kommen, die unsere Enkel einmal anbauen und lesen und genießen werden?

Wein ist in Wasser aufgelöstes Sonnenlicht.

(Galileo Galilei, 1564-1642)

Feiern sind Inseln der Freude in einem Meer des Alltags.

Weisheit

6

Gefeiert mit der Lese

Wein und Feiern, Wein und Fröhlichkeit, Wein und Gemeinschaft: Das hat immer schon zusammengehört. Aber vor das Weinfest hat Gott die Weinlese gestellt – und all die anderen Arbeiten, die im Weinberg anfallen, bevor aus der Traube das Menschen verbindende Getränk entsteht.

Ein Fest vorm Weinfest: die Lese

Der Höhepunkt im Jahreslauf eines jeden Weinbauers ist selbstverständlich die Weinlese. Es ist aber auch die spannendste und aufregendste Zeit im Jahr für ihn. Wenn er sieht, wie der Jahrgang geworden ist, ob die Trauben 60, 70 oder gar 100 Grad Oechsle bringen.

Und die Lese ist immer noch der arbeitsaufwendigste Teil der Winzerarbeit. Es ist aber in gewisser Weise auch der fröhlichste. Wenn alle sich frühmorgens mit den ersten Sonnenstrahlen im Weinberg treffen, ihre Eimer in der Hand oder die Weinbutte auf dem Rücken, und dann hier und da ein Schwätzchen haltend oder sogar mit einem Lied auf den Lippen in die Reben gehen: Das ist selbst schon ein kleines Fest vor dem eigentlichen Weinfest.

Bei der Ernte können Sie zwei Methoden beobachten: Geerntet werden die Trauben entweder traditionell von

Hand, wobei sie mit einer kleinen Schere einzeln abgeknipst werden. Oder es geht manchmal auch mit einem so genannten Vollernter in den Weinberg, der die Trauben maschinell von den Rebzweigen rüttelt. Es ist übrigens erstaunlich zu beobachten, wie sanft diese Maschinen mit dem wertvollen Gut umgehen.

Nach der Ernte werden die Trauben entrappt, wie wir Winzer sagen. Das heißt, die Stiele werden entfernt. Früher wurde das mühsam von Hand gemacht. Heute gibt es auch dafür zum Glück Maschinen.

Die nächste Station nach dem Entrappen ist die Traubenpresse. Hier werden die Trauben bei Weißwein zeitnah umgehend abgepresst. Rotweine dürfen ein wenig länger in der Maische stehen – warum und wie aus dem so entstandenen Most dann Wein wird, erzähle ich Ihnen im folgenden Kapitel.

Hier soll es jetzt erstmal ums Feiern gehen. Denn genau dafür machen wir den Wein ja.

Wein verbindet Menschen

Gerne erinnere ich mich heute noch an die Zeit Anfang der siebziger Jahre: Da haben viele Weinbauern in der Region neue Weinberge angelegt. Und natürlich haben wir uns alle gegenseitig geholfen und unterstützt. Es herrschte eine wunderbare Atmosphäre. Nicht nur wegen der Aufbruchs-stimmung – es fing ja etwas Neues an nach der Rebflurberei-nigung damals. Sondern eben auch, weil wir alle zusammen gearbeitet, zusammen gelacht und zusammen gefeiert ha-ben. Da war schon was los abends in den Weinschenken. Wir wollten uns ja ständig untereinander austauschen: „Wie legt ihr euren Weinberg an? Wie kriegt ihr die Rebstöcke in eine schöne, gerade Reihe? Wie löst ihr dies? Wie macht ihr das? Woher bezieht ihr eure Rebpflanzen?"

Und an dieser Stelle kommt der Wein als Kommunikations-mittel ins Spiel: Er ist einfach der perfekte Zaubertrank. Mit ihm kommen Sie genussvoll ins Gespräch und in einen inspirierenden Austausch. Das gilt nicht nur für Winzer, sondern überall. Auch in der Politik, wo ich Wein als Ge-sprächseröffner immer wieder empfehle und anwende – etwa durch einen weinsinnigen Spruch wie *Edler Wein ist wie die Sonne, er schenkt allen Menschen Kraft und Wonne*, der mit einem Lächeln hilft, das Eis zu brechen. Dazu erzäh-le ich Ihnen in Kapitel 12 noch ein paar schöne Geschichten.

Wein stiftet Gemeinschaft. Wie übrigens alles, was wir ge-meinsam genießen. Ein gutes Essen zum Beispiel. Ob wir eine Hochzeit feiern, ein Geburtstagskind hochleben lassen, ob wir vielleicht ein Arbeitstreffen haben oder – natürlich viel schöner – ein Rendezvous: Überall dort, wo wir Menschen zusammenkommen, schließt Wein unsere Herzen auf und macht aus uns eine Gemeinschaft.

Nicht umsonst spielt er in der Eucharistiefeier der katholischen Kirche eine ganz zentrale Rolle: Wer daran teilnimmt, gehört zur Kirchengemeinde. Beim höchsten Akt der Eucharistie, der Wandlung, beim Erheben des Weinkelches heißt es: *Seht her, das ist mein Blut, das für euch vergossen wird …*

Die Botschaft des Weins in die Welt tragen

All diese wunderbaren Aspekte und Fähigkeiten des Weins hebe ich auch immer wieder bei meinen Weinverkostungen und in meinen Vorträgen hervor. Bei den Weinproben will ich ja nicht nur die Geschmacksknospen der Teilnehmer sensibilisieren und Wissen verbreiten: Es darf und soll dabei immer ein bisschen fröhlich zugehen. Und es gilt: Eine Weinprobe ist immer auch ein Gemeinschaftserlebnis.

Angefangen habe ich damit übrigens auch schon als Teenager in den Siebzigern. Damals war ich noch Schüler. Ein befreundeter Winzer, der einen wunderbaren Wein selbst ausbaute, aber kein großer Redner war, engagierte mich dafür, seinen Wein vorzustellen. Ich bekam 50 DM pro Weinprobe. Das war damals ein sehr schöner Nebenverdienst. Zumal mir dies auch große Freude machte. Das war für mich keine Arbeit.

Auf diesen Erfahrungen baute ich auf und in Zusammenarbeit mit einem einheimischen Kunstlehrer, der sich um die Illustrationen kümmerte, entstand mit „Tauberfränkischer Weinreigen" mein erstes Weinbuch. Diese Arbeit als Autor hat mir viel Spaß gemacht und gleichzeitig in der Region für eine gewisse Bekanntheit meiner Person gesorgt.

Schon bald wurde ich gebucht, auf den großen Weinfesten in Zelten oder Hallen mit oft über 500 Besuchern repräsentative Weinproben abzuhalten und für den Wein der Region zu werben. Und bei den großen Weinfesten und Erntedankfeiern, die damals noch jede Gemeinde hatte, wurde ich dabei von der jeweiligen, frisch gekürten Weinkönigin unterstützt. Bis heute finde ich es großartig, wie unsere Weinköniginnen als Botschafterinnen des deutschen Weines in unseren Landen und auch international agieren.

Später habe ich dann noch weitere Bücher zum Thema für ein breiteres Publikum veröffentlicht, weil es mir einfach eine Freude ist, noch mehr Menschen für diesen Genuss zu begeistern.

Dieser Leidenschaft bin ich übrigens bis heute treu geblieben: Auf großen Events und in kleinen Büchern ein Botschafter des Weins zu sein.

An einem Rausch ist das Schönste der Augenblick, in dem er anfängt – und die Erinnerung an ihn.

(Kurt Tucholsky, 1890–1935)

Es geht der Jugend wie dem Most, wenn ihr die nit tobe losst, wenn se jung sind und tobe wolle, dann tobe se später, wenn sie nit solle.

Unbekannte main-fränkische Weinkennerin

7

Tobend in der Jugend

Wenn Sie schon mal neben einem Weinfass gestanden sind, in dem die Gärung noch in vollem Gange war, dann wissen Sie, dass der Wein in seiner Jugend wirklich tobt. Durch die Fasswand aus Edelstahl hindurch hören Sie die Unruhe, es rumpelt und blubbert. Und Sie können die Intensität der Gärprozesses förmlich riechen.

Damit gleicht der junge Wein einem Teenager: Auch in dem läuft ein Gärprozess ab. Dieser Gärprozess ist zwingend notwendig, um zur Reife zu gelangen. Steht am Anfang, bei der „Geburt", noch der Traubensaft – süß wie ein Baby und vom Kellermeister noch in viele Richtungen formbar wie ein Kind – entwickelt sich in dieser Phase die Eigenständigkeit des Charakters.

In diesem Stadium des teilweise gegorenen Traubenmosts können Sie den jungen Wein auch schon kosten: Je nach Gegend heißt er „Federweißer" oder „Federroter", „Rauscher" oder auch nur „Neier Woi", also neuer Wein. Seine Wirkung findet sich plastischer in seinen weiteren Namen wieder: „Sauser" oder „Sturm". Dieser Most mit seinem Alkoholgehalt von 4 oder mehr Prozent regt nämlich – im Übermaß genossen – die Verdauung kräftig an.

In diesem Stadium ist der Wein noch trüb. Aber das ändert sich.

Edel und vornehm sei der Mensch

So wie beim Menschen die Pubertät langsam ein Ende findet, ebbt auch der Gärprozess beim Wein nach einiger Zeit ab. Das geschieht entweder dann, wenn aller vorhandener Zucker in Alkohol umgesetzt ist und die Hefebakterien absterben, oder dann, wenn der Kellermeister den Gärvorgang bewusst abbricht.

Dann kommt der Wein zur Ruhe. Die Trübstoffe sinken zu Boden, er wird abgeklärter. Am Ende ist er klar und rein und damit auch hellsichtiger.

Es schließt sich dann eine weitere Entwicklung an: Der Wein wird kraftvoll und reif, edel und vornehm. Auch damit ähnelt die Entwicklung des Weins der des Menschen – auch wenn ich zugeben muss, dass dieser Endzustand nicht von jedem erreicht wird.

Was allerdings tatsächlich für Menschen wie Wein zutrifft: Wir altern. Auch ein Wein, wenn er zu lange liegt, zeigt Alterserscheinungen. Vor allem wenn er in Berührung mit Sauerstoff kommt, geht es mit dem Wein innerhalb von Tagen bergab. Aber selbst, wenn Sie ihn wohlverschlossen in der Flasche lagern, bekommt er über die Jahre eine Patina, bevor er firn und schal wird und schlussendlich umkippt. Er ist tot.

Ja, der Lebenslauf eines Weines und des Menschen haben viel gemeinsam. Besonders anrührend beschrieben finde ich diese Verflechtung in den Zeilen des Dichters Roland Betsch. Er legte sie 1943 während eines Luftangriffs in einer Stunde der größten Angst nieder: *Im Wein sind Wahrheit, Leben, Tod. Im Wein sind Nacht und Morgenrot und Jugend und Vergänglichkeit. Im Wein ist Pendelschlag der Zeit. Wir selbst sind Teil von Wein und Reben. Im Weine spiegelt sich das Leben.*

Das Geheimnis der Farben

Übrigens werde ich oft gefragt, wie es denn kommt, dass aus roten Trauben nicht nur Rotwein gekeltert wird. Das liegt daran, dass die roten Farbstoffe, die dem Rotwein seine wunderbare Farbe geben, nicht im Fruchtfleisch der Traube sitzt, sondern in ihrer Haut. Auch die Tannine, die beim Rotwein im Mund den trockenen Geschmack erzeugen, kommen vorwiegend aus der Traubenschale. Sie bedingen beim Rotwein vor allem Farbe, Geschmack und Adstringenz.

Diese Schalen sind in der Maische, also dem Sud aus gequetschten Trauben als Vorstadium zum Pressen, noch enthalten und werden erst mit dem Pressen entfernt. Beim Pressvorgang selbst geben die Beerenhäute ihre Farbstoffe nicht an die Flüssigkeit ab. Aber mit ein bisschen Alkohol und Wärme lassen sie sich dazu überreden. Wenn Sie also einen echten Rotwein erhalten wollen, müssen Sie die Maische einige Tage stehen lassen. In dieser Zeit läuft eine Vorgärung ab, die für diesen leichten Alkoholgehalt und Wärme sorgt. Und das ist das ganze Geheimnis.

Presst der Winzer seine Maische aus roten Trauben wie die seiner weißen Trauben schon nach wenigen Stunden, entsteht daraus ein Rosé. Der enthält dann kaum rote Farbstoffe und schimmert deshalb golden bis rötlich. Besteht dieser Rosé nur aus einer einzigen roten Rebsorte, dann darf er sich sogar Weißherbst nennen. Den kann ich Ihnen – leicht gekühlt wie Weißwein – für laue Sommerabende nur empfehlen. Dieser Empfehlung kommen gerade junge

Leute immer mehr nach, so dass heute bereits 14 Prozent der deutschen Weine, die genossen werden, ein Rosé sind.

Eine Besonderheit ist der Rotling. Für seine Zubereitung mischt der Weinbauer die Maische von roten und weißen Trauben miteinander, die dann ohne weitere Vorgärung gekeltert werden. Zu einem Qualitätswein ausgebaut ist er als „Schiller-Wein" eine württembergische Besonderheit. Er hat seinen Namen nicht von dem berühmten, in Marbach geborenen Dichter, sondern davon, dass er im Glas sanft zwischen rot und weiß schillert. Probieren Sie diese heimische Spezialität unbedingt einmal, wenn Sie in der Gegend sind.

Welche Weinsorte Sie auch wählen – weiß, rot oder rosé: Ich bin sicher, Sie werden Freude daran finden. Denn Wein hat nun mal auf unseren Geist eine ganz besondere Wirkung.

Das älteste Psychoenergetikum der Welt

Vor dem großen Glykol-Skandal Mitte der 1980er Jahre, als einige österreichische Weinbauern ihre Weine nicht nur mit Zucker, sondern – gesetzeswidrig – auch mit Glykol versetzten, hieß es auf vielen fröhlichen Weinproben: „Der Wein ist das beste Frostschutzmittel für die Seele."

Auch wenn die Formulierung heute andere Assoziationen hervorruft, ist die Aussage immer noch richtig: Wein ist ein Sorgenbrecher. Sie können Wein auch, gewählter ausgedrückt, als ältestes und vielleicht verträglichstes Psychoenergetikum der Welt bezeichnen.

Wein wirkt so schnell wie harmlos,
er schafft dir Kram und Harm los,
labt Lippen, Gaumen, Kehle,
erhebt des Menschen Seele.

(unbekannter Dichter)

Sie können alle verqueren Gedanken mit einem Gläslein Wein zunächst einmal hinter sich lassen. Und am nächsten Morgen sieht die Welt dann oft schon ganz anders aus. Das mag auch daran liegen, dass der Wein die Zunge lockert und manche Sorgen, erst einmal mit jemandem geteilt, kleiner werden.

Und dass im Wein auch Wahrheit liegt, dass manch einer die rechte Entscheidung nach einem guten Tropfen besser trifft, wusste schon der antike Dichter Alkäus, als er sprach: In vino veritas.

Zusammenfassend könnte ich es definitiv nicht besser formulieren als Deutschlands Dichterfürst Nr. 1 mit zwei seiner schönsten Verse:

Trunken müssen wir alle sein!
Jugend ist Trunkenheit ohne Wein;
Trinkt sich das Alter wieder zu Jugend,
So ist es wundervolle Tugend.
Für Sorgen sorgt das liebe Leben,
Und Sorgenbrecher sind die Reben.

Solange man nüchtern ist,
gefällt das Schlechte;
wie man getrunken hat,
weiß man das Rechte.

(Johann Wolfgang von Goethe, 1749-1832)

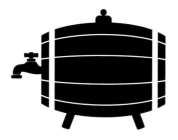

Ein gutes Glas Wein ist geeignet, den Verstand zu wecken.

Konrad Adenauer (1876–1967)

8

Reifend im Fass

Die ganze Kraft des Weines, die eben dann, wie unser Alt-bundeskanzler Adenauer es in sein schönes Zitat goss, auch die Verstandeskräfte weckt, entsteht erst im Fass. Denn zweimal muss ein Wein reifen: Einmal im Glanze des Sonnenlichts im Weinberg und zum zweiten Male im Keller.

Der Ritt auf dem Fass

Der Sage nach ist der vom Dichterfürst Goethe unsterblich gemachte Doktor Faust auf einem Weinfass aus Auerbachs Keller in Leipzig geritten. Goethe hat mit dieser Szene aus seinem gewaltigen Faust-Drama seiner alten Studentenkneipe ein literarisches Denkmal gesetzt und auch eines der berühmtesten Weinfässer Deutschlands inszeniert. Natürlich ein Holzfass, möchte ich hinzufügen.

Andere berühmte Holzfässer sind zum Beispiel das Große Fass des Heidelberger Schlosses, das 221.000 Liter fasst und das Sie sich unbedingt einmal ansehen sollten. Oder das Tübinger Riesenfass. Eindrucksvoll ist auch der Holzfasskeller des Badischen Winzerkellers in Breisach am Rhein. Und natürlich das größte Weinfass in Deidesheim in der Pfalz.

In deutschen Weinkellern wurden oft in alte Holzfässer sinnige Fassinschriften eingeschnitzt, zum Beispiel: *Keine*

Angst Gefangener, dein Erlöser lebt! Oder: *Füll mich voll und laß' mich liegen, voll zu sein, ist mein Vergnügen.* Oder: *Oh, guter Mond, wenn ich dich seh', denk ich an meine Plage, Du bist im Jahr nur zwölfmal voll, ich aber alle Tage.*

Der Ausbau des Weines, wie die Kellertechnik auch genannt wird, findet allerdings heute meist nicht mehr in Holz statt, sondern meist in Edelstahlfässern. Diese Art des Ausbaus eines Weines im Edelstahl bringt einige Vorteile mit: So gerät der Wein im Edelstahlfass „reiner" – er bleibt näher an den ursprünglichen Aromen der Traube.

Und dennoch: Mir vorzustellen, dass Faust auf einem Edelstahlfass reitet … Das vermag ich nicht.

Es lebe die Freiheit! Es lebe der Wein!

(Johann Wolfgang von Goethe, 1749-1832: Faust, Auerbachs Keller)

Der Abstich macht den Unterschied

Aber ob in Stahl oder in Holz, zum Beispiel in Eiche wie bei den berühmten Barriques-Weinen – wichtige Voraussetzung, damit der Wein reifen kann, so dass Sie ein vollmundiges Geschmackserlebnis genießen können, ist, den Wein zu klären.

Einige Tage, nachdem der frische Most in die Fässer gefüllt wurde, setzt die Gärung ein. Die Hefepilze, die Weinhefen, die der Wein vom Weinberg mitgebracht hat, spalten im Fass den Fruchtzucker der gepressten Trauben auf, und es entsteht Alkohol und Kohlensäure. Von diesem jugendlichen Sturm, welchen die Kohlensäure auslöst, haben Sie ja schon im vorherigen Kapitel gelesen. Damit diese brodelnde Kohlensäure entweichen kann und nicht dem „Fass den Boden ausschlägt", haben Fässer einen Gärspund.

Im Laufe des Gärprozesses setzt sich die Hefe am Boden des Fasses ab. Diesen Hefeschlamm vom jungen Wein zu trennen, das ist die Klärung.

Bei der Klärung zeigt sich Ihnen die ganze Kunstfertigkeit, mit der das Kulturgut Wein in seiner vollen Pracht entstehen kann: Da ist zunächst die Entscheidung über die Dauer der Lagerung. Wann unterbricht der Kellermeister den Vorgang der Gärung? Schon hierzu gehört viel Erfahrung, um die Reife eines Weines, um den richtigen Zeitpunkt des Abstichs, zu erkennen. Mit der Schwefelung des jungen Weines kann die Klärung beschleunigt und der Wein haltbar gemacht werden.

Aber erst der Abstich macht den Unterschied. Wobei „Abstich" ein wenig brutal klingt, aber nur bedeutet, dass gewissermaßen die Spreu vom Weizen, der Hefeschlamm vom Wein getrennt wird. „Abgestochen" eben. Dabei pumpt der Winzer den jungen Wein in ein neues Fass, der Hefeschlamm bleibt im alten Fass zurück.

Nach diesem ersten Abstich, der auch „Grobhefe" genannt wird, ruht der Wein in seinem Fass über den Winter. Und wenn sich in dieser langen Ruhezeit weitere Trübstoffe und Mikroorganismen am Fassboden abgesetzt haben, erfolgt ein zweiter Abstich („Feinhefe").

Der Wein klärt den Geist

Der Wein wird anschließend gefiltert. Was dann in Flaschen abgefüllt wird, das ist nicht einfach nur Natur, sondern das ist ein in ein Kulturgut verwandeltes reifes Getränk. Und ich bin mir sicher, dass dieser ganze kunstfertige Vorgang des Klärens, das auf die Gärung-Hörens, das Erkennen der

Reife, die Ruhe, die einem Wein auch gegönnt werden muss, damit er in seiner ganzen Kraft entsteht – dass sich sich diese Klärung letztlich im Glas bemerkbar macht: Als die von Adenauer angesprochene Kraft, die die Verstandeskräfte weckt.

Diese Kraft macht den Wein für die politische Bühne zu einem wichtigen Instrument. Er hilft, zu klären, was gewollt wird und zu beschließen Sinn macht.

Schon der erste Reichskanzler Otto von Bismarck sagte: *Der Wein ist mein bester Botschafter! (The wine is my best ambassador!),* und Wein als Verhandlungsinstrument ist durchaus für friedliche Verhandlungen günstig. Bismarck hatte immerhin damals, weil er betonte, wie wichtig Verhandlungen als politisches Instrument sind, eine der längsten Friedenszeiten in der deutschen Geschichte (von 1871 bis 1913, 43 Jahre) geschaffen. Wein klärt den Geist, macht überhaupt erst einmal dem Gespräch gewogen.

Wein ist ein hervorragendes Mittel, um die Atmosphäre für ein gutes Miteinander zu bereiten. Zum Beispiel, wenn Sie eine Tischrede beginnen und an Ihr Weinglas klopfen – eine schöne Geste, die wohlklingend ist und Aufmerksamkeit schafft. Dann das gegenseitige Zuprosten und Entgegenheben des Weinglases, das eine sehr schöne Form des Zuwendens ist, eine stille Übereinkunft, dass hier kultivierte

Menschen zusammenkommen, die gewillt sind, sich gegenseitig zuzuhören. Und so ist Wein ein hervorragender „Opener", um die Gemeinsamkeiten zu feiern.

Lothar Späth und das Ländle

Lothar Späth, 1978 bis 1991 Ministerpräsident von Baden-Württemberg, war nicht nur ein politischer Freund und Wegbegleiter von mir, wir waren auch jenseits des politischen Parketts eng befreundet. Einmal erzählte er mir, als wir bei einem Wein zusammensaßen, die schöne Geschichte, wie er mit einem solchen „Opener" in den USA viel Erfolg hatte, mit dem er den Exporterfolg unserer Heimat erklärte.

Baden-Württemberg war ja unter den deutschen Bundesländern das Exportland Nr. 1. Lothar Späth war in die Staaten geflogen, um dort einen Vortrag über baden-württembergische Exportpolitik zu halten. Und er begann seine Rede mit dem Standortvorteil unseres Ländle. Und was war der Standortvorteil? Unser Wein!

Aber nicht der Wein wurde exportiert. Nein, die Pointe von Lothar Späth war, dass die Badener und Schwaben ihre hervorragenden Weine eben selbst trinken und nicht exportieren wollten. Und um sich diesen Wein leisten zu können, verkaufen die Baden-Württemberger eben alles andere, was sie erfinden. Und so haben sie ständig neue Ideen für den Export entwickelt, zum Beispiel im Maschinenbau und im Fahrzeugbau.

Und diese neuen Ideen, so erzählte Lothar Späth – ich erinnere mich gut noch an sein schelmisches Lächeln, als er mir gegenüber am Tisch das Glas hob – und diese neuen Ideen kommen uns Baden-Württembergern eben immer beim Trinken von einem Glas Wein …

Und wer ist für die Erschaffung dieser hervorragenden Weine in großem Maße verantwortlich? Die Kellermeister. Und von der Arbeit dieser Könner möchte ich Ihnen im nächsten Kapitel mehr erzählen.

In aqua claritas.
In vino veritas.
In Bier ist auch etwas.

Sprichwort

9

Veredelt vom Kellermeister

Ich möchte Ihnen hier nicht den alten Streit „Biertrinker gegen Weintrinker" auf den Tisch bringen. Jedes dieser Getränke hat seine Für und Wider. Beide werden von ihren Liebhabern aus guten Gründen geschätzt und geliebt. Beide haben zu Recht ihren Platz in unserem Genussleben. Das eine über das andere zu stellen, wäre nicht richtig. Obwohl: Dass Weintrinker im Schnitt länger leben als Biertrinker, habe ich Ihnen ja schon in Kapitel 4 erzählt. Und ich stimme Luther zu, wenn er sagt: *„Bier ist Menschenwerk, Wein aber ist von Gott!"* Was macht den Unterschied aus?

Einheit und Vielfalt

Einem Bierbrauer ist es ganz wichtig, dass sein Bier in diesem Jahr genauso schmeckt wie im nächsten Jahr und im Jahr darauf. Nur so bleiben die Biertrinker seiner Marke treu.

Beim Wein ist es genau andersherum: Der Riesling aus einem bestimmten Weinberg schmeckt nächstes Jahr ganz bestimmt eine Nuance anders als in diesem. Das liegt zum einen daran, dass jeder Jahrgang unter anderen Bedingungen herangereift ist. Es liegt aber auch daran, dass jeder Kellermeister dem Wein seine ganz persönliche Note mitgibt, weil er jedes Jahr aufs Neue etwas ganz Besonderes erzeugen und seinen Wein weiterentwickeln möchte. Es ist wie in der Musik: Beethovens 5. Sinfonie klingt mit Herbert von Karajan als Dirigent ganz anders als bei Sir Simon Rattle. Und die Musikliebhaber wissen genau das zu schätzen.

Und Weinliebhabern geht es genau so: Sie sind verliebt in die Vielfalt, den Nuancenreichtum des Weins. Sie wollen herausschmecken können, von wie viel Sonne ein bestimmter Jahrgang verwöhnt wurde, in welcher Erde der Rebstock wurzelte und in welchem Fass der Wein wie lange gereift ist.

Ungetrübtes Funkeln

Jeder Kellermeister „orchestriert" und „dirigiert" dieses Reifen des Weins im Fass auf seine ganz individuelle Art. Einen Vorgang dabei möchte ich hier noch erwähnen, schon allein, weil ich den Fachbegriff dafür so mag: das Schönen.

Nach dem Abstechen und Filtrieren des Weins sind immer noch mikroskopisch kleine Rückstände im Wein. Die können ihn unter Umständen schneller verderben lassen. Deshalb geben die Kellermeister zum Schluss noch andere Substanzen wie zum Beispiel etwas Gelatine oder Bentonit bei. Die bindet diese letzten Schwebstoffe und setzt sich mit ihnen am Boden ab.

Danach ist der Wein vollkommen klar und rein, genau so, wie wir ihn im Glas funkeln sehen möchten.

Nennen wir es Cuvée

Es gibt in der Fachsprache der Winzer ein Wort, das völlig falsche Assoziationen weckt: der Verschnitt. Das klingt in den Ohren von Laien nach Panschen, Verwässern oder dem Beimengen dubioser Ingredienzen. Aber, und das möchte ich hier wirklich einmal betonen, das Verschneiden von Wein hat damit überhaupt nichts zu tun. Eher stimmt das Gegenteil.

Davor, dass etwas in den Wein kommt, was da nicht hineingehört, schützt die Weintrinker schon der Gesetzgeber: Wein darf ausschließlich mit Wein verschnitten werden. Und die Kellermeister haben sich zusätzlich noch selbst ein oberstes Gebot gesetzt: Der Weinverschnitt muss die Weine, aus denen er sich zusammensetzt, an Güte und Harmonie übertreffen.

Vielleicht darf ich an dieser Stelle noch einmal die Musikmetapher bemühen: Einen Verschnitt erstellen ist wie Komponieren. So wie der Komponist die einzelnen Instrumente und ihre Klänge zu einem harmonischen Ganzen zusammenfügt, so fügt der Kellermeister unterschiedliche Weine zu etwas ganz Neuem und Besonderen zusammen. Er kredenzt uns etwas, das es so ohne sein Zutun nicht geben würde: Er erschafft Kunst für unsere Gaumen. Und wie bei der musikalischen Kunst ist auch beim Wein die Vielfalt der Geschmacksnuancen kaum in Worte zu fassen.

Aber weil uns das Wort „Verschnitt" so skeptisch macht, haben die deutschen Winzer sich angewöhnt, diese Wein-kunstwerke „Cuvées" zu nennen. Das meint im Französischen zwar exakt dasselbe, klingt für deutsche Ohren aber deutlich eleganter..

Die Verschlusssache

Eine Frage der Eleganz und des Stils ist für viele Wein-liebhaber auch die Verwendung eines Korkens statt eines Schraubverschlusses. Einige Jahre tobte ein wahrer Glaubenskrieg darum, ob ein Schraubverschluss überhaupt salonfähig sein könnte. Zu dieser Auseinandersetzung könnte ich Ihnen viel erzählen, aber letztendlich läuft es für mich auf eine einzige Frage hinaus: Wie schmeckt der Wein, wenn er ins Glas kommt?

Vielleicht hatten auch Sie schon einmal das enttäuschende Erlebnis, dass Sie eine Flasche öffnen, auf die Sie sich schon lange gefreut hatten, und dann merken Sie vielleicht schon beim Riechen, spätestens aber nach dem ersten Schluck: „Der hat Kork!" Untrinkbar. Das ist dann nicht nur traurig, weil aus Ihrer Vorfreude nicht Freude am Wein wurde, sondern auch weil so schon mal gutes Geld in den Abfluss fließt.

Eine Zeit lang kamen dann Verschlüsse aus Glas in Mode. Die fand ich auch sehr schön. Sie waren darüber hinaus wiederverwendbar. Leider aber auch so teuer in der Herstellung, dass Sie diese heute nicht mehr so oft sehen. Blieb also der Schraubverschluss.

Ja, vielen Weinliebhabern erscheint es bis heute als Sakrileg, diese profanen Verschlüsse zu verwenden. Aber ich bin durchaus ein Anhänger von Schraubverschlüssen. Denn durch sie kommt ganz sicher keine Luft an den Wein, die ihn kippen lassen könnte. Durch einen beschädigten Korken schon.

Der Leichtsinn genialischer Menschen ist wie der Kork auf der Weinflasche: wird der Kork beweglich, so rührt sich auch der Wein.

(Novalis, 1771–1801)

Wie süß darf das Leben sein?

Wie mögen Sie es: trocken, halbtrocken oder lieblich? Wie auch immer Ihre Antwort ausfällt: Lassen Sie sich nicht einreden, echte Kenner würden nur trockenen Wein trinken, wie es oft behauptet wird. Denn das stimmt einfach nicht. Es kommt einerseits immer darauf an, zu welcher Gelegenheit Sie den Wein trinken. Und andererseits auf Ihren ganz persönlichen Geschmack.

Wie aber kommt der Zucker in den Wein? Natürlich aus der Traube. Je mehr Sonne sie bekommen hat und je länger sie gereift ist, umso höher ist ihr Zuckergehalt. Der wird während der Gärung von der Hefe in Alkohol umgewandelt. Bei Auslesen, Beeren- oder Trockenbeerenauslesen bleibt am

Ende der begehrte, noch unvergorene Zucker übrig: Denn die Hefe stellt selbständig die Gärtätigkeit ein, wenn der Alkoholgehalt für die Mikroorganismen zu hoch wird und sie den restlichen Traubenzucker nicht mehr zu Alkohol vergären können. Dann bleibt eine natürliche Restsüße zurück. Bei Kabinett- und Spätleseweinen wird der natürliche Zucker dagegen vollständig vergoren (und bei Tafel- und Qualitätsweinen auch der eventuell vor der Gärung zugesetzte Zucker). Diesen Weinen kann der Kellermeister im Anschluss, um den Wein abzurunden und harmonischer im Geschmack zu machen, eine kleine Menge süßen Traubenmost gleicher Qualität, Herkunft und Sorte zusetzen. Dieser Zusatz wird „Süßreserve" genannt. Aus dem endgültigen Zuckergehalt ergeben sich dann die Bezeichnungen „trocken", „halbtrocken" oder „lieblich" auf dem Etikett. Für die Zuordnung gibt es gesetzliche Vorgaben, so dass Sie sich auf die Angaben verlassen können.

Was Ihnen das Etikett sonst noch verrät, wenn Sie es richtig lesen? Folgen Sie mir bitte ins nächste Kapitel..

Eine Flasche Wein enthält mehr Philosophie als alle Sachbücher.

(Louis Pasteur, 1822–1895)

Eine Weinkarte,
mit Phantasie gelesen,
ist fast so schön
wie wirklich voll gewesen.

Kurt Tucholsky, Schriftsteller und Journalist,
(1890–1935)

10

Geschmückt vom Etikett

Es stimmt, was Tucholsky Ihnen mit diesem Zitat sagen will: Eine Weinkarte oder das Etikett einer Weinflasche lesen, das kann wirklich so viel Vorfreude auf den Wein machen, dass wir fast glauben, ihn tatsächlich getrunken und genossen haben. Dies fängt schon mit den oft sehr kreativen Namen der Weine an. Beim Flaschenetikett kommt noch die ansprechende und künstlerische Gestaltung hinzu, die die schönsten Erwartungen wecken kann – und ja auch soll.

Das Etikett ist die Visitenkarte des Weins, mit der er sich seinem möglichen Käufer vorstellen möchte. So sagt Ihnen das Etikett, wieviel Alkohol der Wein enthält und aus welcher Rebe er gekeltert wurde. Wobei die Rebsorte nur dann genannt werden darf, wenn 85 Prozent der Trauben, aus denen der Wein gekeltert wurde, eben diese Traube oder von dieser Rebsorte waren. Die gleiche Zahl ist auch für den Jahrgang entscheidend: Der darf nur genannt werden, wenn mindestens 85 Prozent des Weins aus der Ernte des jeweiligen Jahrgangs stammt.

Sie finden darüber hinaus Informationen zur Herkunft, den Erzeugernamen, Geschmacksangaben, die amtliche Prüfnummer. Sie erfahren auf dem Etikett, in welche Qualitätsstufe der Wein gehört, den Sie sich vielleicht schmecken lassen möchten. Da lesen Sie dann auf den Etiketten deutscher Weine Bezeichnungen wie „Tafelwein" oder „Qualitätswein", oder Sie erfahren, dass es sich bei dem Wein um einen

Qualitätswein mit Prädikat (wie Kabinett, Spätlese, Auslese, Beerenauslese oder Trockenbeerenauslese) handelt.

Für jeden Tag

Ein Tafelwein bezeichnet in Deutschland die unterste Qualitätsstufe. Er benötigt zum Beispiel keine Herkunftsbezeichnung und muss auch sonst keine besonders hohen Anforderungen erfüllen. Es sind Weine für den Alltag. Wenn Sie zum Beispiel in Frankreich in einem einfachen Restaurant zu Mittag essen, bekommen Sie oft einen Vin du table dazu angeboten.

Etwas über dem Tafelwein liegt dann der Landwein. Auf den Etiketten werden Sie diese Bezeichnungen selten finden. Als Faustregel kann ich Ihnen an die Hand geben: Wenn Sie weder eine Herkunftsangabe noch eine Qualitäts- oder Prädikatsbezeichnung auf dem Etikett finden, dann ist es aller Wahrscheinlichkeit nach ein Tafel- oder Landwein. Aber auch diese Weine können durchaus leckere, ehrliche Produkte sein.

Für die besonderen Tage

Wir Deutschen sind berühmt dafür, die meisten Prädikats-angaben für Qualitätswein zu besitzen. Ich möchte Ihnen nicht allzu viele Details zumuten, sondern nenne Ihnen hier nur die Prädikatsbezeichnungen in aufsteigender Reihen-folge: Kabinett, Spätlese, Auslese, Beerenauslese, Trocken-beerenauslese. Alle Prädikatsweine müssen naturrein sein. Das heißt: Bei Qualitätsweinen mit Prädikat darf der Alko-holgehalt nicht durch Beigabe durch Zucker erhöht worden sein. Sie dürfen nicht „chaptalisiert" sein.

Ein Kabinett wird aus gerade reifen Trauben gekeltert, die aber noch nicht den maximalen Oechsle-Gehalt aufweisen. Er hat deshalb nur einen durchschnittlichen Alkoholgehalt. Für eine Spätlese werden die Trauben dagegen, wie der Name verrät, etwas später geerntet, bei einer Auslese werden nur die vollreifen Trauben verwendet. Für die Beerenauslese hängen die Trauben noch länger am Stock, sie werden überreif geerntet und bringen schon aus dem Weinberg eine Edelfäule mit.

Die höchste aller Prädikatsstufen ist die Trockenbeerenauslese. Wenn die Weinbauern diese Trauben ernten, sind sie schon rosinenartig eingeschrumpft und edelfaul. Nicht in jedem Jahr haben Winzer das Glück, den Weinliebhabern diese Qualitätsstufe anbieten zu können.

Sicherlich haben Sie auch schon einmal von einem Eiswein gehört: Der Eiswein entsteht, wenn eine sehr spezielle Anforderung erfüllt ist: Die Trauben wurden bei mindestens minus 7 Grad in gefrorenem Zustand geerntet und gekeltert.

Herkunftsgebiete

Seit 2020 haben wir in Deutschland eine Weinrechtsreform, die sich an das Weinrecht in Frankreich und Italien anlehnt. Während in Deutschland die Qualitätsangaben, die Sie gerade kennengelernt haben, zählten, standen in den romanischen Ländern immer schon die Herkunft eines Lebensmittels im Vordergrund. Deshalb wird die auch stets mit angegeben. Dem haben sich die deutschen Winzer nun angepasst. In Deutschland haben wir 13 Anbaugebiete, in denen Qualitätswein erzeugt wird. Die Europäische Union hat die Namen dieser Anbaugebiete als geschützte Ursprungsbezeichnungen (g.U.) anerkannt.

Allerdings sagt die Herkunft allein natürlich noch nichts über die Qualität aus. Aber Sie können sich durchaus die Regel merken: Je kleiner das Herkunftsgebiet, desto strenger die Maßstäbe, welcher Wein dort in welchen Mengen wie angebaut werden darf. Übrigens: Die Knappheit mancher Jahrgänge aus berühmten Anbaugebieten führt immer wieder zu recht exorbitanten Wertsteigerungen solcher Weine. Deswegen sorgen Weine auch als Anlagemöglichkeit immer wieder für Schlagzeilen.

Aber mir geht es an dieser Stelle nicht um Ihr Portfolio, das sich in barer Münze auszahlen kann, sondern um Ihren Genuss. Und in diesem Sinne möchte ich Ihnen empfehlen, was ich grundsätzlich für die einzig wahre Genießeridee halte:

Probieren Sie den Wein!

Legen Sie sich vielleicht ein kleines, persönliches Weinbüchlein an. Darin notieren Sie sich, ob Ihnen der Wein geschmeckt hat, was genau Ihnen an dem Tropfen gefallen hat und aus welchem Anbaugebiet, welcher Region, welchem Ort und von welcher Lage er stammt. So gestalten Sie sich Ihren ganz persönlichen Weinreiseführer durch Deutschland (oder Frankreich oder Italien oder oder).

Nach so viel trockener Theorie möchte ich Ihnen am Schluss aber noch einen praktischen Tipp mit auf den Weg geben.

Der Wein erquickt den Menschen das Leben, so man ihn mäßig trinkt.

(Sirach 31,32)

Die Kirchenfensterprobe

Wenn Sie eine Flasche Wein kaufen, dann ist auf der Rückseite immer der Alkoholgehalt vermerkt. Das ist gesetzlich vorgeschrieben. Wenn Sie aber in ein Restaurant gehen, werden Sie diese Prozentzahl auf der Speisekarte nur selten finden. Sie können den Alkoholgehalt aber trotzdem ermitteln.

Mein Tipp dazu: Schwenken Sie den Wein ein wenig im Glas und beobachten Sie, wie er am Glasrand hinabläuft. Ein leichter Kabinett mit vielleicht 10 oder 11 Prozent rinnt ganz schnell und glatt hinunter. Ein gehaltvollerer Wein aber mit 13 oder 14 Prozent Alkohol hat eine leicht ölige Konsistenz. Und das erkennen Sie daran, dass er beim Herunterfließen leichte Schlieren bildet. Im Gegenlicht sehen diese manchmal aus wie ein Kirchenfenster. Deshalb nennen die Fachleute den Test auch: Kirchenfensterprobe.

Siehst du Wein im Glase blinken, lerne von mir deine Pflicht: Trinken kannst du, du kannst trinken; doch betrinke dich nur nicht.

(Gotthold Ephraim Lessing, 1729–1781)

Die besten Vergrößerungsgläser für die Freuden dieser Welt sind jene, aus denen man trinkt.

Joachim Ringelnatz, Schriftsteller (1883–1934)

11

Gereist ins Glas

Gut 70 Prozent der Weine, die in Deutschland genossen werden, reisen über den Weg eines Supermarktes, eines kleineren Lebensmitteleinzelhandels oder eines Discounters in die Gläser der Genießer. Weinmarketing-Experten haben sich vor Jahren mit dem Thema befasst, wo die Schwelle liegt, bei der die Verbraucher den Wein noch als hochwertig einschätzen, bei der aber auch der Preis akzeptiert wird: Diese Schwelle lag bei 6,50 Euro. Über 15 oder 20 Euro für die Flasche geben nur noch besondere Weinliebhaber aus.

Da die großen Händler aber mit ihrer Einkaufskraft für ihre Kunden sehr gute Preise erzielen können, finden Sie heute schon unter 6,50 Euro vernünftige Weine mit einem guten Preis-Leistungs-Verhältnis. Sie können also durchaus auch bei Discountern gute Weine erstehen. Wenn Sie aber einen echten Genuss von Anfang an haben wollen, ist meine Empfehlung: Gehen Sie direkt zum Erzeuger oder zu einer Genossenschaft wie in meiner Heimat in Beckstein und Markelsheim oder zu einem der zahlreichen Weingüter oder einem Mitglied des Verbandes der Prädikats-Weingüter wie zum Beispiel Konrad Schlör, um Ihren Wein zu kaufen. Über die Nähe zum Weinberg, die Nähe zum Terroir, durch das Erlebnis vor Ort und die kenntnisreiche Auskunft des Winzers selbst werden Sie schon gleich stärker auf Ihr Weinerlebnis eingestimmt und fachkundig informiert.

Wie dieser Genuss durch geschicktes Marketing beeinflusst werden kann und was Sie selbst tun können, um bei sich zu Hause diesen Genuss zu fördern, dazu möchte ich nun – nach einer kleinen Anekdote – gerne ein paar Wort verlieren …

Audienz beim Papst. Eine Delegation von Winzern tritt vor den Pontifex. Die Winzer bitten ihn, damit der Weinabsatz bei guten Katholiken gefördert wird, das Vaterunser zu ändern. Die Gläubigen sollen nicht mehr für „unser täglich Brot" beten, sondern es soll nun heißen: „Unseren täglichen Wein gib uns heute". Der Papst lehnt ab. Doch als die Winzer eine große Geldsumme bieten, ist der Pontifex von der Ernsthaftigkeit der Winzer beeindruckt – und fragt leise seinen engsten Berater: „Wie lange läuft noch der Vertrag mit den Bäckern?"

Import, Export

Die Vielfalt, die heutzutage im Weinhandel angeboten wird, ob vor Ort oder auch über den Weg des Onlinehandels, ist beeindruckend. Sie finden die Weine aus der alten Welt, also die Erzeugnisse aus Frankreich, Italien, Spanien, Portugal, und natürlich aus den deutschen Lagen. Sie finden Weiß-, Rot- und Roséweine aus der neuen Welt, vielfach ausgebaut von jungen, kreativen Winzern, die ihre Wurzeln in Europa haben. Vielleicht probieren Sie die herrlichen Weine aus

Chile, die ich persönlich vor Ort kennenlernen durfte, oder aus Südafrika, wo ich öfter und gerne zu Gast war. Oder Wein aus Kalifornien, aus Argentinien, Neuseeland oder aus Australien. Sie finden neben Weinen aus konventionellem Anbau mittlerweile auch viele Weine von Winzern, die auf biologischen Weinausbau setzen. Hier wie dort gibt es hervorragende Weine zu entdecken. Aber gerade der ökologische Weinanbau hat in den letzten Jahren viele Freunde gewonnen.

Wir Deutschen trinken 48 Prozent Wein aus deutschen Lagen, 52 Prozent ist Wein, den wir importieren. So spannend ich auch viele Weine unserer Nachbarländer oder aus Übersee finde: Es ist mir ein Herzensanliegen, auch für unsere einheimischen Weine zu werben. Dabei ist die Weinproduktion das eine, der Vertrieb, das Marketing zu Gunsten unserer heimischen Weine das andere. Und während andere Länder ihren Weinexport erhöht haben, zum Beispiel durch Exporte in die USA oder China, hat sich der Export deutscher Weinerzeugnisse in der letzten Dekade nahezu halbiert.

Hier sehe ich großen Aufholbedarf. Dem trägt auch die jüngste Gesetzesnovelle des Weinrechts des Herbstes 2020 durch eine größere Förderung des Weinmarketings Rechnung.

Ein genialer Schachzug

Beim Vertrieb von Wein geht es auch darum, wie neue Verbraucher erreicht werden können. Das Trinkverhalten der Menschen hat sich in den letzten Jahren geändert. Heute dominiert der Pro-Kopf-Verbrauch von Mineralwasser mit über 160 Litern, dann kommt der Kaffeeverbrauch mit rund 140 Litern. Der Bierkonsum ist auf 94,6 Liter pro Kopf gesunken, 2010 lag er noch bei 107,4 Litern. Wein liegt seit gut zwei Jahrzehnten bei 20,1 Litern zuzüglich 4,5 Liter Schaumwein.

Im Wasser kannst du dein Antlitz sehen, im Wein des anderen Herz erspähen

(Volksmund)

Ein Weg zum Gaumen neuer Weingenießer scheinen mir frische Mischgetränke mit weniger Alkohol zu sein, denen ich durchaus aufgeschlossen gegenüberstehe. Eine kühle Weinschorle im Sommer ist wirklich ein Genuss. Als Student habe ich Korea getrunken, also Rotwein mit Cola. Auch heute schätzen die jungen Leute frische Mischgetränke – hier finden Kreationen mit Wein oder Schaumwein großen Anklang: Hugo, Aperol Spritz oder Lillet Wild Berry.

Im Sommer 2021 habe ich Christian Heiss kennengelernt, seines Zeichens Barchef der Zürcher Kronenhalle Bar und EU-Cocktailmeister. Wir freundeten uns an und dann machte er mir eine schöne Freude:

Denn exklusiv für Sie und mein Buch hat er zwei besondere Kreationen von Cocktails mit Wein erschaffen, die ich Ihnen nun vorstellen darf:

Kreation Nummer 1 auf Traubenbasis:
3 cl Süßwein
2 cl Ferdinand's Saar Dry Gin
1 cl St. Germain (Holunderblütenlikör)
1 cl Verjus

Kreation Nummer 2 auf Traubenbasis:
3 cl Süßwein
2 cl Pisco (La Peruana Acholado)
1 cl Rinquinquin Aperitif à la Pêche

Warum nicht mit Hilfe solch kreativer Getränke oder auch neuer Vertriebswege neue Käufer für den deutschen Wein gewinnen? Gerade die Corona-Pandemie hat die Weinvermarktung enorm gefordert. Aber mit neuen, großartigen Möglichkeiten auf den Social-Media-Kanälen mit Winzer-Podcasts, mit Online-Weinverkostungen, mit kreativen, genussreichen Instagram-Weinstories wurden schon viele neue Wege beschritten, um die Familie der Weinliebhaber zu erweitern. Ich finde das sehr ermutigend.

Wasser macht weise, fröhlich der Wein, drum trinke beides, um beides zu sein.

(Theodor Gottlieb von Hippel, 1741–1796)

Unter diesem Gesichtspunkt möchte ich auf keinen Fall versäumen, Ihnen von dem genialen Schachzug zu erzählen, mit dem ein solider Tafelwein zu einem Verkaufsschlager gemacht wurde.

Damals kam man beim Weinmarketing auf die Idee, eine Werbeagentur zu beauftragen, seinen einfachen Weißwein marketingtechnisch aufzupeppen. Die dachten sich ein cooles Etikett und einen schicken Namen aus, sie produzierten frische, lebendige Werbespots, schalteten Werbeanzeigen in Printmedien – und fertig war der Blanchet. Der meistverkaufte Importwein im Vertrieb.

Mit Kreativität zum Genießer

Sehen Sie sich heute Weinetiketten an, so finden Sie kunstvolle Etiketten mit einer modernen Schrift oder farbenfrohe Etiketten, die auf alten Motiven aufbauen. Sie finden kreative Namen für Weine. Flaschen, die nicht einfach dem Zweck folgen, Wein aufzubewahren, sondern ästhetisch ansprechend, vielleicht sogar außergewöhnlich geformt sind.

Mit dieser Kreativität, die Kunst und Genuss harmonisch verbindet, können die Weinerzeuger die Mystik des Weines, die schon die Bibel bezeugt und die so viele Dichter angeregt hat, den Verbrauchern heute nahebringen. Auch für den Laien können kreative Ansätze eine Tür zu dieser faszinierenden Welt öffnen, in der sie das Kulturgut Wein entdecken.

So wird der Wein als Gesamtkunstwerk präsentiert, das nicht nur einfach zum Trinken, sondern zum Genießen anregt. Und je mehr Sie über Wein wissen, um so bewusster können Sie das tun.

Ein besonderes Gesamtkunstwerk hatte einer der bekanntesten, zeitgenössischen italienischen Künstler für mein Weingut erschaffen: Bruno Bruni. Er war damals zur Eröffnung einer seiner großen Ausstellungen in meiner Heimatstadt zu Besuch. Wir eröffneten gemeinsam diese wunderschöne Bilderschau und er wurde als Gast in meinem Haus bei einigen guten Tropfen zu einem Freund. Zum Dank an den schönen Aufenthalt übermittelte er mir Tage später ein originales Künstleretikett aus seiner Hand. Es begeisterte mit den für Bruni typischen floralen Motiven. Stolz ließ ich eine limitierte Zahl von Weinen mit diesem einzigartigen Bruno-Bruni-Etikett versehen. Diese Flaschen fanden dann auch reißenden Absatz.

Den Wein richtig genießen

Zwar möchte ich jedem, der in die wunderbare Welt des Weines eintreten möchte, raten: Schmecken Sie. Probieren Sie. Nur über das eigene Geschmackserlebnis können Sie Ihre eigenen Vorlieben entdecken und entwickeln. Aber ich möchte Ihnen aus meiner langen Erfahrung heraus einige Fingerzeige geben, wie Sie den Weingenuss für sich selbst fördern können.

Wenn Sie zum Beispiel einen schönen Wein gekauft haben, sollten Sie diesen in Ihrem Heim richtig lagern. Haben Sie einen Keller, dann lagern Sie den Wein dort. Und zwar immer liegend. Es ist wichtig, dass Sie Ihren Wein vor Sonnenlicht schützen und selbstverständlich ist auch die Temperatur wichtig …

Und deswegen empfehle ich Ihnen für die Lagerung Ihrer Weine einen speziellen Weinkühlschrank. Hier können Sie dann für die unterschiedlichen Weine die passende Trinktemperatur einstellen, so dass Ihr Wein, wenn Sie ihn dann herausholen, bereits die perfekte Temperatur hat: bei Weißweinen sind es 6 bis 8 Grad, bei Rotweinen 14 bis 16 Grad. Höchstens sehr kräftige, gehaltvolle Rotweine können Sie auch bei 18 bis 20 Grad genießen, aber niemals darüber. Je leichter ein Weißwein ist, um so kühler sollten Sie ihn genießen. Tischt Ihnen allerdings jemand einen eisgekühlten Weißwein auf, so denken Sie daran: Mit Kälte lässt sich gewöhnlichere Qualität überdecken.

Um Ihren Rotwein-Genuss noch zu fördern, empfehle ich Ihnen, Ihre Rotweine zu dekantieren. Zu diesem Zweck können Sie sehr schöne Karaffen erstehen, die speziell dafür gemacht wurden, dem Wein Raum zu geben, damit er sich ganz entfalten kann. Geben Sie Ihren Rotweinen zwei bis drei Stunden Zeit, bevor Sie sie dann – am besten in geselliger Runde – ins Glas geben.

Wählen Sie dafür auch ein passendes Glas. Rotweingläser sind meist bauchiger, ballonförmiger und auch größer als ein Weißweinglas, damit sich der Duft des Rotweines besser entfalten kann, wenn Sie ihn im Glas schwenken. Ein Weißweinglas dagegen ist schlank und aus dünnem Glas gemacht, darin kommt die Leichtigkeit besser zur Geltung.

Möchten Sie einen süßen Dessertwein genießen, dann wählen Sie ein kleineres Glas, wie zum Beispiel ein Sherry-Glas.

Haben Sie all diese Voraussetzungen beachtet, dann dürfen Sie jetzt in den Genuss eintauchen – und zwar dreifach.

Des Weines Dreifaltigkeit

Den Wein genießen Sie dann in seinem vollen Umfang, wenn Sie sich bewusst folgender Dreifaltigkeit widmen: Farbe, Geruch, Geschmack. Color, odor, sapor – wie der alte Lateiner sagt.

Sehen Sie sich die Farbe Ihres Weines an. Color. Sie verrät Ihnen schon einiges: Ist der Wein zum Beispiel sehr hell, ist er vielleicht noch sehr jung. Ist er schon dunkler goldgelb, dann könnte es ein älterer Weißwein sein.

Dann widmen Sie sich dem Duft. Odor. Riechen Sie den Wein, lassen Sie sich sein Bukett in die Nase steigen. Schon allein der Geruch und die vielfältigen Aroma-Duftstoffe eines guten Weines sind ein Genuss für sich.

Und dann der Geschmack. Sapor. Nehmen Sie sich Zeit. Konzentrieren Sie sich auf Ihre Wahrnehmung. Hat der

Wein zum Beispiel einen „langen Schwanz", wie es die Kellermeister früher nannten, einen lang anhaltenden Abgang, der den Genuss im Mund verlängert? Mit der Zungenspitze schmecken Sie die Süße des Weines, mit dem Zungenstamm bittere Komponenten, mit dem Zungenrand die Säure eines Weines. Rezeptoren für den salzigen Geschmack haben Sie sowohl an der Zungenspitze wie auch an den Rändern Ihrer Zunge. Das Spiel zwischen diesen Elementen bringt Ihnen den Genuss. Wie lange bleibt der herrliche Geschmack des Weins in Ihrem Mund präsent?

Und dann fällen Sie für sich ein Gesamturteil: Ist das Ihr Wein? Ein Hochgenuss? Zumindest in diesem Moment? Das ist es, was zählt.

In Kirche und Gericht

Heute werden die meisten Weine mit moderner Kellertechnik so ausgebaut, dass auch junge Weine schon mundgerecht sind und Sie diese gleich nach dem Erwerb genießen können. Aber ob ein Wein gut ist oder nicht, entscheidet weder das Etikett, noch der Preis noch eine Wein-Jury. Das entscheiden einzig und allein Sie.

Beim Genießen eines Weines ist es wie in der Religion oder in der Jurisprudenz: Nicht der Bibeltext zählt, sondern der Glaube, es geht nicht in der Hauptsache um den Gesetzestext, sondern um die Gerechtigkeit.

Und so geht es auch beim Wein nicht um allgemeine Maßgaben und Richtlinien von Wertigkeit: Der Wein, der Ihnen persönlich am besten schmeckt, ist für Sie der beste Wein. Und wie auf dem öffentlichen Parkett von Politik, Diplomatie und Wirtschaft die Weine genossen werden, das erzähle ich Ihnen im nächsten und abschließenden Kapitel.

Das Leben ist viel zu kurz, um schlechten Wein zu trinken.

(Johann Wolfgang von Goethe, 1749–1832)

Regen lässt das Gras wachsen, Wein das Gespräch.

Schwedisches Sprichwort

12

Kredenzt dem Genießer

Durch das Probieren lernen Sie das Schmecken. Und so kann jede Weinprobe Ihre Fähigkeit fördern, Wein in seiner Vielfalt zu schmecken. Dies allein ist schon ein Grund, sich zu einer Weinprobe zu entschließen. Und wenn derjenige, der Ihnen die Weinprobe anbietet, Ihnen neben allerhand Wissenswertem auch noch die eine oder andere interessante oder lustige Anekdote rund um das Kulturgut Wein zum Besten geben kann, umso besser.

Ich liebe es, durch eine Weinprobe zu führen und habe dies in gewisser Weise auch während meiner aktiven Zeit auf dem politischen Parkett in Berlin getan, wenn ich zu feinem Essen und feinen Weinen eingeladen habe. Und so möchte ich Ihnen nun etwas über die Kunst, eine Weinprobe zu genießen, erzählen, um dann mein Büchlein mit einigen besonderen Weinmomenten aus meiner politischen Zeit ausklingen lassen.

Weinproben genießen

Warum gehen Sie auf eine Weinprobe?

Sind Sie zu einer Weinprobe geladen und gehen dorthin, weil Sie neue Weine entdecken wollen, dann sollten Sie vor der Verkostung keine süßen Speisen zu sich nehmen. Denn damit schubsen Sie die Geschmacksknospen in Ihrem Mund in die süße Richtung und Sie können den vollen Geschmack des Weines weniger gut erkunden.

Aber gehen Sie auch nicht mit leerem Magen zu einer Weinprobe: Auch ein nüchterner Magen trübt Ihr geschmackliches Urteilsvermögen. Wollen Sie also Weine, die Sie noch nicht kennen, entdecken und für jeden Geschmack offen bleiben, dann sollten Sie geschmacksneutrale Speisen zu sich nehmen. Deshalb wird während einer Weinprobe gerne, weil das geschmacksneutralisierend wirkt, trockenes Brot oder ein geschmacksneutrales Gebäck gereicht.

Probieren Fachleute einen Wein, dann schlürfen sie ihn richtiggehend. Denn durch dieses Schlürfen lassen die Experten den Sauerstoff der Luft mit dem Wein in Berührung kommen und ermöglichen diesem, alle geschmacklichen Nuancen preiszugeben. Zu solchen Gelegenheiten wird der Wein auch nicht geschluckt, sondern in einen bereitstehenden Behälter gespuckt. Doch solche Proben mit Schlürfen und Spucken werden Sie als Weinfreund nur selten erleben. Denn bei „normalen" Weinproben steht das Genießen im Vordergrund.

Und das empfehle ich Ihnen auch: Erleben Sie eine Weinprobe einfach, erleben Sie einen genussvollen Abend, an dem Sie sich nicht auf den Wein als solchen konzentrieren, sondern auf den Wein als Kulturgut, und das heißt für mich: in Gesellschaft von interessanten Menschen und bei gutem Essen. Zum Beispiel in Gesellschaften, wie ich sie in Berlin viele Jahre gegeben habe.

Das alljährliche Spargelessen in Berlin

In meiner Eigenschaft als Bevollmächtigter des Landes Baden-Württemberg beim Bund – das war ich von 2005 bis 2011 –, habe ich jedes Jahr Anfang Mai zum Spargelessen in Berlin eingeladen. Mein Ziel war es, Baden-Württemberg als das Genießerland zu präsentieren, das es ist. Und die baden-württembergische Spezialität, der Spargel, eignete sich hierfür natürlich sehr gut. Rund 200 Medienvertreter waren geladen, die ich nicht nur für Spargel als königliches Gemüse, sondern auch für Weine aus Baden und aus Württemberg begeistern konnte.

Insgesamt gab es an diesen Abenden im Mai oft drei oder vier Gänge, der Spargel wurde dann zum Hauptgang gereicht.

Gestartet sind wir damals gerne mit einem fruchtigen, trockenen Weißwein, denn ich finde, dass über die gängigen Aperitife hinaus, wie einem Sherry oder einem Campari, sich gerade fruchtige Weißweine sehr gut als Appetitanreger eignen. Manchmal haben wir auch einen Winzersekt als Aperitif angeboten.

Zum Spargel wurde zumeist ein Weißburgunder oder ein Grauburgunder, zum Beispiel ein schöner badischer Ruländer, ausgeschenkt.

Zum süßen Dessert funkelte dann in den Gläsern eine Auslese- und Beerenauslese. Gab es dann Käse, um den Magen zu schließen, boten wir ein Weindestillat, zum Beispiel einen hochwertigen Weinbrand, oder einen Tresterbrand, einen Grappa, an.

Zu jedem neuen Gang und neuen Wein hielt ich eine kleine Tischrede. Denn ich begriff es als meine Aufgabe, den Gästen die Weine in ihrer Eigenart und ihrem Charakter vorzustellen. Garniert mit Zitaten unserer großen Dichter und Denker aus Baden-Württemberg gelang es mir, allen Anwesenden den Weingenuss als Kulturgut schmackhaft zu machen.

Kamingespräche mit der Kanzlerin

Ein ganz besonderer Anlass, um mein Genießerland zu präsentieren, boten die Bundesratsabendessen. Abwechselnd gaben sich die Bundesländer am Donnerstag vor den immer

Freitags stattfindenden Bundesratstreffen die Ehre. War Baden-Württemberg an der Reihe, lud ich in unsere Landesvertretung die Ministerpräsidenten und auch die Bundeskanzlerin Angela Merkel ein.

Baden-Württemberg hat von allen Bundesländern die meisten Sterneköche und so bat ich zu diesen Abendessen immer einen Sternekoch dazu, der für uns kochte. Der von mir sehr geschätzte Harald Wohlfahrt, bester Sternekoch aus Baden-Württemberg mit drei Sternen, der in der Traube Tonbach kochte, verwöhnte uns mehrmals zu diesen Gelegenheiten. Herrlich, was er für uns an Kochkunstwerken erschuf. Als Gastgeber suchte ich dann dazu repräsentative Weine aus Baden und aus Württemberg aus.

Auch die Kanzlerin genoss diese Stimmung bei diesen Abendessen. Denn sie blieb meist noch lange in unserer Gesellschaft im Kaminzimmer, wenn wir den offiziellen Teil des Treffens beendet hatten – und so lange sie auch blieb, manchmal bis ein oder zwei Uhr in der Früh, um bei einem Glas Rotwein ein wenig vom Tagesgeschehen herunterzukommen, sie war immer erstaunlich fit und guter Dinge.

Ich erlebte sie in diesen Momenten immer witzig, gelöst und locker, also auf eine Weise, wie sie von den Medien kaum wahrgenommen wurde. Oft berichtete sie lebhaft und mit viel Humor von ihren Treffen zum Beispiel mit dem französsischen Staatspräsidenten Nicolas Sarkozy und auch Wladimir Putin, dem Präsidenten der Russischen Konföderation. So erzählte sie von einem ihrer ersten Besuche bei Putin – und dass er, obwohl doch jeder wusste, dass Frau Merkel allergisch gegen Hunde ist, einen Hund ins Besprechungszimmer hineinließ.

Ihr Sinn für Details und ihr Talent, charmante Eigenarten von anderen Politikern zu parodieren, bescherten uns unvergessliche Augenblicke.

Unvergessliche Weinmomente ... in Berlin

Jährlich wiederkehrender gesellschaftlicher Höhepunkt in der Landesvertretung in Berlin war die sogenannte Stallwächter-Party, ein Fest für die während der Sommerpause in Berlin verbliebenen Politiker, Wirtschaftsvertreter, Diplomaten und Journalisten. Neben ausgesuchten Weinen aus Baden-Württemberg und Speisen kredenzte ich als Gastgeber auch besondere musikalische Auftritte: 2007 war unter anderem Udo Lindenberg als Ehrengast geladen, der mit seinem Panikorchester auftrat. Ich bot ihm vor seinem Auftritt einen Sekt an, aber er wechselte schnell zum Eierlikör, und nach der ersten Flasche orderte er sogar noch eine Flasche nach. Der Eierlikör war, wie er mir offen gestand, so etwas wie der Treibstoff für seinen Bühnenauftritt. Und in der Tat: Es wurde ein fulminantes Konzert, das die Gäste sehr genossen. Auch ohne Unterstützung eines Schaumweins aus dem Genießerland Baden-Württemberg.

Sehr gerne erinnere ich mich auch an den Abend, in der ich die Geburt des ersten deutschen Cuvées aus zwei Anbaugebieten erleben durfte.

Mittwoch, der 9. April 2008, am Abend. Ort: Das Kaminzimmer der Bibliothek der Landesvertretung von Baden-Württemberg in Berlin.

An diesem Tag hatte der überaus aktive Verein der Baden-Württemberger in Berlin im Rahmen der jährlichen Mitgliederversammlung zu einer besonderen Weinprobe geladen: „Baden meets Württemberg in Berlin". Zum Ausklang dieses Tages hatte ich Winzer aus dem Remstal und der Ortenau ins Kaminzimmer eingeladen. Die Besten der Besten aus Baden und Württemberg genossen Spitzenweine aus dem Ländle und den Gedankenaustausch.

In dieser Atmosphäre wurde von den Weinkreativen, namentlich möchte ich Heinrich Männle aus der Ortenau und Jürgen Ellwanger aus dem Remstal nennen, das erste Cuvée aus Südwest geboren, ein „gemischter Satz" von großen Rotweinen aus Baden und aus Württemberg.

Was in jener Nacht in einem Glas seinen Anfang nahm, wurde dann im Weinkeller vollendet: Männle und Ellwanger, die zusammengerechnet 100 Jahre Erfahrung im Weinberg und Weinkeller verband, gaben je ihr bestes Barrique-Fass für dieses einzigartige Cuvée. Nur 570 Flaschen dieses außergewöhnlichen Weines gab es, eine wirkliche Rarität mit einem „nachverlangenden Abgang". Eine besondere Genusspremiere.

Unvergessliche Weinmomente ... in Brüssel und Bremen

Nicht nur in der Landesvertretung in Berlin durfte ich solche unvergesslichen Momente erleben: In meiner Eigenschaft als Europaminister war ich auch für unsere Vertretung in Brüssel zuständig, die an der Rue Belliard mitten im schönen Europaviertel der Stadt liegt.

Dort stellte ich 2008 bei einem guten Glas Wein der zuständigen EU-Kommissarin Danuta Hübner meine Idee einer gemeinsamen europäischen Makroregion Donauraum vor – analog den bereits bestehenden Makroregionen wie dem Mittelmeerraum. Die Donau entspringt im Schwarzwald und mündet nach über 2.800 km in das Schwarze Meer, sie hat zehn Anrainerstaaten mit über 200 Millionen Einwohnern. Die Donauregion ist darüber hinaus ein Jahrhunderte alter Weinkulturraum mit einzigartiger Vielfalt, geprägt durch eine wechselvolle Geschichte. Nach dem Fall der Mauer hatte im Rahmen einer europäischen Donauraumstrategie die Zusammenarbeit auf Länderebene bereits wieder begonnen. Mir aber war es wichtig, dass das Verbindende, das dieses blaue Band der Donau für Europa leisten kann, noch mehr Sichtbarkeit bekam. Und die EU-Kommissarin sagte mir ihre Unterstützung zu. Bei der Vorstellung im Ausschuss der Regionen in Brüssel erhielt ich dann erfreulicherweise auch eine breite Mehrheit für meinen Antrag.

Daraufhin lud ich unter dem Motto „Die Donau – Fluss der europäischen Zukunft" zu einem Donaumarkt nach Brüssel ein, bei dem sich alle Donauanrainer mit ihren touristischen und kulturellen Highlights sowie mit ihren köstlichen Weinprodukten präsentieren konnten. Es herrschte eine wunderbare, gemeinsame Aufbruchstimmung bei dieser Veranstaltung. Das kulturelle Miteinander bedeutete auch hier beim Anstoßen mit einem Glas Wein Gemeinschaft und Begegnung von Mensch zu Mensch.

2011 vollendete Ungarn anlässlich seiner Ratspräsidentschaft meine Initiative, und die EU ernannte den Donauraum offiziell zu einer europäischen Makroregion.

Doch nicht nur in den Landesvertretungen in Berlin und Brüssel erfuhr ich schöne Weinmomente. Einen weiteren erlebte ich zum Beispiel auf dem Parteitag der CDU in Bremen des Jahres 1989 statt. Heiner Geißler, lange Jahre Generalsekretär der CDU und Bundesarbeitsminister, hielt seine Abschiedsrede. Er war von Bundeskanzler Kohl nicht mehr als Generalsekretär berufen worden. In seiner Rede bedankte er sich bei seinen Wegbegleitern und schenkte jedem Weine von seinen eigenem Weinberg, Lage Geißenheimer Hölle. So erhielt Erwin Teufel, den er schon aus seiner Jugendzeit kannte, von der Hölle beispielsweise fünf Flaschen.

Als er in seiner Abschiedsrede in verschmitzter Jesuitenrhetorik, Heiner Geißler war ja ein Jesuitenschüler gewesen, dann zu Helmut Kohl kam, sagte er: „Helmut Kohl erhält sieben Flaschen. Drei Wochen zuvor hätte er noch acht Flaschen bekommen." Ein schöner Moment der Weindiplomatie.

Wer Wein trinkt, betet, wer Wein säuft, sündigt.

(Theodor Heuss, 1884–1963, erster Bundespräsident)

Der Bundespräsident geht jetzt heim ...

Das gemeinsame Genießen eines guten Weines sorgt für Offenheit der Herzen und Köpfe und das gegenseitige Verständnis über alle Parteilinien hinweg – das habe ich im Laufe meiner Arbeit vielfach erleben dürfen.

Die Ministerpräsidenten Erwin Teufel und Günther Oettinger, mit denen ich jahrelang zusammengearbeitet habe, nutzten ausgesuchte Weine gerne als diplomatisches Geschenk.

Mit dem Ministerpräsidenten von Baden-Württemberg, Winfried Kretschmann, zum Beispiel verbrachte ich als Fraktionsvorsitzender meiner Partei fruchtbare Vier-Augen-Gespräche auch bei einem Glas Rotwein. So klärten wir im zugewandten Gespräch auch komplizierte Probleme, selbst bei Differenzen hinsichtlich der Rücklagen für den Haushalt einigten wir uns rasch.

Auch als Bundesgeschäftsführer eines großen Mittelstandsverbandes in Berlin konnte ich bei zahlreichen Botschafterbesuchen mit Hilfe des Weins als Kulturgut für eine gute Gesprächskultur sorgen. In gelockerter Atmosphäre wurden freundschaftliche Bande geknüpft und inspirierende Gespräche geführt – und das über alle Parteigrenzen hinweg.

Sehr gerne erinnere ich mich auch an einen Jahresempfang dieses Verbandes, den ich im Berliner Maritim, gegenüber dem Verteidigungsministerium, veranstaltete. Zu dieser Veranstaltung hatte ich unter anderem Ex-Kanzler Gerhard Schröder und den damaligen Außenminister Sigmar Gabriel eingeladen, um vor über 2.000 Unternehmern zu sprechen. Gerhard Schröder trank dann zum Ausklang sehr gerne einen Rotwein und glänzte mit humorvollen Geschichten.

Auch der damalige Bundespräsident Horst Köhler, der ja aus Ludwigsburg stammt, schätzt einen guten Wein. Während einer Tagung zu Fragen der Demographie, die in der baden-württembergischen Landesvertretung stattfand, plauderten wir über die Lebenserwartung der Menschen – und er, aktiver Sänger in einem Männerchor in seiner Heimat, und ich kamen darin überein, dass die durch den Weingenuss geförderte Gemeinschaft der Menschen uns aktiv und voller Lebensfreude älter werden lässt.

Sehr gefreut hat mich auch, dass Horst Köhler in seiner Amtszeit so viel für das Genießerland Baden-Württemberg getan hat: Zu seinem ersten Bundespräsidentenausflug lud er Botschafter und Diplomaten aus Berlin auf die Bodenseeinsel Mainau ein, um stolz „unser Ländle" zu präsentieren.

Eine meiner liebsten Geschichten aber ist und bleibt diese: Ich hatte die Landesvertretung in Berlin für den 70. Geburtstag des damaligen Außenministers Klaus Kinkel zur Verfügung gestellt. Auch Kinkels Vorgänger im Amt, Hans-Dietrich Genscher, war dabei. Und so saßen wir bei einem Wein beisammen und ließen uns erzählen, wie Theodor Heuss, wenn 22 Uhr vorbei war, pflegte, seine Jacke auszuziehen und dabei zu sagen: So, der Bundespräsident geht jetzt heim. Aber der Theodor Heuss, der Weinliebhaber, bleibt jetzt noch hocken.

Die Weisheit liegt nur in der Wahrheit, und Wahrheit liegt auch im Wein; drum trinke im Weine die Wahrheit, um weise beim Weine zu sein.

(Hans Breider, 1908–2000)

Traubenweise

Ich habe mein Buch mit Schillers Ode an die Freude begonnen. Aber Sie haben gelesen, dass der Wein uns noch mehr als wahre Freude schöner Götterfunken bieten kann.

Ich lese in Schillers Ode – und das ist meine Traubenweise, die ich aus dem Weine ziehe: Der Götterfunke Wein, das Kulturgut Wein, sorgt für eine Zugewandtheit der Menschen untereinander, bei der sie sich gegenseitig beflügeln und begeistern. Für eine Atmosphäre des guten Wollens und des guten Willens. Wer den Wein wirklich genießt, der genießt auch die Gemeinschaft mit anderen Menschen, der fördert den Zusammenhalt und die Menschlichkeit in unserer Welt.

Mit dieser meiner Wein-Weisheit verabschiede ich mich von Ihnen und wünsche Ihnen mit Schillers Worten eine genussvolle und erfüllte Zeit. Und vielleicht treffen wir uns ja mal bei einer Weinprobe persönlich – es wäre mir eine Freude.

Seid umschlungen Millionen!
Diesen Kuß der ganzen Welt!
Brüder – überm Sternenzelt
muß ein lieber Vater wohnen.

(Friedrich von Schiller, 1759–1805, Ode an die Freude)

Über den
Autor

Als Politiker hat Wolfgang Reinhart die Geschicke seiner Heimat Baden-Württemberg lange Jahre mitgestaltet – und tut es immer noch. Seit 1992 ist er ununterbrochen Mitglied des Landtags und war fünf Jahre Fraktionsvorsitzender und ist heute Vizepräsident.

Als Minister prägte er die politische Kultur im Ländle. Als Bundesratsminister und -Europaminister sowie als Bevollmächtigter des Landes Baden-Württemberg beim Bund machte er sich auch in Berlin und Brüssel für seine Heimat stark.

Seine zweite (oder auch erste) Leidenschaft neben der Politik aber ist der Wein. Insbesondere der aus Baden-Württemberg. Schon in jungen Jahren arbeitete er mit im Weinberg seiner Eltern, pflanzte mit eigenen Händen unzählige Rebstöcke. „Eine harte Arbeit, aber eine schöne Arbeit", erinnert er sich. Auch deshalb wurde Wolfgang Reinhart später selbst Weingutbesitzer und selbstvermarktender Unternehmer. Auch sonst war er dem Wein stets verbunden: Als studierter Jurist lehrte er an der Hochschule nicht nur Arbeitsrecht, sondern auch Weinwirtschaftsrecht. Und als „Bundesgeschäftsführer Politik" beim Bundesverband Mittelständische Wirtschaft (BVMW) hatte er immer ein offenes Ohr für die Weinwirtschaft. Er weiß aus dieser Tätigkeit heraus auch sehr gut, wie der Mittelstand Veränderungen mit Innovationen und Change begegnen kann.

Schon während seiner Studienzeit der Juristerei und Betriebswirtschaft hatte er damit begonnen, regelmäßig mit Weinverkostungen die Sinne der Menschen für die Geschmacksvielfalt des Rebensafts zu öffnen. Und bis heute begeistert er bei großen Veranstaltungen und in Unternehmen sein Publikum mit seinen ebenso amüsanten und spritzigen wie inspirierenden und informativen Vorträgen. Bei einem guten Glas natürlich. Denn er will mit seinen Vorträgen und Publikationen rund um den Wein vor allem die Kunst vermitteln, Wein zu genießen und Lebensfreude und Inspiration aus einem der ältesten Kulturgüter der Menschheit zu ziehen.

Wolfgang Reinhart ist darüber hinaus Gründer einer großen Rechtsanwaltskanzlei (Prof. Dr. Reinhart & Kollegen), verheiratet, Vater von zwei Kindern und lebt mit seiner Familie in Tauberbischofsheim.

Im Wein liegt viel mehr als nur die Wahrheit. Im Wein liegt Inspiration, er macht die Gedanken frei, öffnet neue Horizonte, schafft Gemeinsamkeit.

Wolfgang Reinhart schenkt Ihnen reinen Wein ein

Schon immer hat Wolfgang Reinhart sich im kleinen und im großen Rahmen als Speaker und als Botschafter mit Weinweisheiten für dieses Geschenk der Götter betätigt.

Denn er glaubt an seine verbindende Wirkung und daran, dass er unseren Blick lenkt von dem, was uns trennt, hin zu dem, was wir gemeinsam haben. Von dem, was uns nicht machbar erscheint, hin zu dem, was alles möglich ist.

Gerade in schwierigen Zeiten wie diesen können wir alle ein wenig von diesem verbindenden und befreienden Geist brauchen, der im Wein liegt. Im privaten Kreis ebenso wie in großen Unternehmen.

In seinen Vorträgen auf Firmen-Incentives, gesellschaftlichen Veranstaltungen oder Galas des Mittelstandes macht er als Keynote-Speaker die Menschen mit dem Kulturgut Wein bekannt, erzählt auf unterhaltende Weise Wissenswertes – aber vor allen Dingen möchte er dabei die Menschen mit einem guten Tropfen zum maßvollen Genuss und Gespräch hin öffnen.

prof.dr.wolfgang.reinhart@t-online.de

Erscheinungsjahr 2021
1. Auflage
Copyright Prof. Dr. Wolfgang Reinhart

Umschlaggestaltung & Layout: booyaka.design
Satz: Gorus Media GmbH
Verlag: Prof. Dr. Wolfgang Reinhart
Foto vom Autor: Besserer
Fotos innen: Laplateresca, thruer, PYRAMIS, Yulia, val_iva, Алексей Панчин, imagination13, olga_milagros, antto – stock.adobe.com

Printed in Germany
Produziert von: Gorus Media GmbH

ISBN: 978-3-98617-001-1

Bibliografische Information der Deutschen Nationalbibliothek:
Die Deutsche Nationalbibliothek verzeichnet diese Publikation in der Deutschen Nationalbibliografie; detaillierte bibliografische Daten sind im Internet über http://dnb.d-nb.de abrufbar.

Gorus Certified Publication ist ein Qualitätssiegel für Bücher, die im Selbstverlag ihrer Autoren erscheinen. Es stellt für Sie, den Leser, die konzeptionelle, gestalterische und textliche Qualität sicher. Dafür wurde dieses Buch von einer Jury aus erfahrenen Buchprofis detailliert geprüft und nach den Qualitätskriterien bewertet, die die Unternehmensgruppe Gorus in jahrzehntelanger erfolgreicher Arbeit im deutschsprachigen Sachbuchmarkt entwickelt hat. Nur Büchern, die diesen Kriterien genügen, wird das Gütesiegel verliehen.

Weitere Informationen: www.certified-publication.de